嗨！有趣的故事

周敦頤

譚偉雄

Hi! Story

中華教育

【出版說明】

在文字出現以前，知識的傳遞方式主要就是語言，靠口耳相傳的方式記錄歷史與情感表達。人類的生活經歷、生命情感也依靠著「說故事」來「記錄」。是即人們口中常說的「傳說時代」。然而文字的出現讓「故事」不僅能夠分享，還能記錄，還能更好、更廣泛地保留、積累和傳承。

《史記》「紀傳體」這個體裁的出現，讓「信史」有了依託，讓「故事」有了新的準則：文詞精鍊，詞彙豐富，語言精切淺白；豐富的思想內容，不虛美、不隱惡。選擇人物一生中最有典型意義的事件，來突出人物的性格特徵，以對事件的細節描寫烘托人物的情感表現，用符合人物身份的語言，表現人物的神情態度、愛好取捨。生動、雋永而又情味盎然。

「故事」中的人物和事件，從來就是人類的「熱門話題」。她是茶餘飯後的趣味談資，是小說家的鮮活素材，是政治學、人類學、社會學等取之無盡、用之不竭的研究依據和事實佐證。

中國歷史上下五千年，人物眾多，事件繁複，神話傳說與歷史事實並存，正史與野史交錯互映，頭緒繁多，內容龐雜，可謂浩如煙海、精彩紛呈，展現了中華文化的源遠流長與博大精深。讓「故事」的題材取之不盡，用之不竭。而其深厚的文化底蘊如何呈現，怎樣傳承，使之重光，無疑成為《嗨！有趣的故事》出版的緣起與意趣。

《嗨！有趣的故事》秉持典籍史料所承載的歷史精神，力圖反映歷史的精彩與真實。深入淺出的文字使「故事」更為生動，更為循循善誘、發人深思。

《嗨！有趣的故事》以蘊含了或高亢激昂或哀婉悲痛的歷史現場，以對古往今來無數先賢英烈的思想、事蹟和他們事業成就的鮮活呈現，於協助讀者不斷豐富歷史視域和深度思考的同時，不斷獲得人生啟迪和現實思考、並從中汲取力量，豐富精神世界，在實現自我人生價值和彰顯時代精神的大道上，毅勇精進，不斷提升。

【導讀】

周敦頤，原名周敦實，字茂叔，諡號元公，世稱濂溪先生。北宋真宗天禧元年（一〇一七年）出生於道州（今湖南道縣）營道樓田村一個書香仕宦之家。十五歲那年，周敦頤的父親周輔成去世，他的舅舅龍圖閣直學士鄭向派人將他和母親接到開封。

在鄭向的指導下，周敦頤苦學經史，學問突飛猛進，深得鄭向器重。按朝廷慣例，鄭向獲得一次封蔭子嗣的機會，他並未將這個機會給自己的親生兒子，而是給了二十歲的周敦頤。朝廷錄用周敦頤為試用將作監主簿。鄭向病逝於杭州知府任上，不久，周敦頤的母親鄭氏也去世了，周敦頤葬母於丹徒，在鶴林寺守喪三年。這期間，周敦頤邊守喪，邊苦讀，與范仲淹、王安石、胡文恭等人有所交往。守喪期滿後，正式開始了他的地方仕宦生涯。

周敦頤二十五歲時任分寧主簿。慶曆四年（一〇四四年）調南安軍（治所今江西大余）任司理參軍，收程顥、程頤兩兄弟為弟子。因其執法嚴謹、剛直不阿，在地方留下了很高的官聲。嘉祐五年（一〇六〇年），周敦頤進京，獲國子監博士頭銜。在京期間，他遇見王安石，兩人相談甚歡，連語日夜。此外，他還見到了進士及第的弟子傅耆，授以為官之道。嘉祐六年（一〇六一年），周敦頤以國子監博士通判虔州（治所今江西贛州），與時任虔州太守的趙抃成為知己。隨後周敦頤在永州（治所今湖南永州）任通判兩年，還在邵州（治所今湖南邵陽）當過代理知州。由於趙抃和呂公著的推薦，他升任廣南東路轉運判官，主理轉輸漕運事宜。熙寧三年（一〇七〇年），周敦頤以虞部郎中任廣南東路提點刑獄，為正三品，這是他仕途的頂峰。熙寧五年（一〇七二年），五十六歲的周敦頤歸隱九江，定居於廬山之麓的濂溪書堂，度過了他生命中最後的時光。熙寧六年（一〇七三年）六月七日，周敦頤病逝於九江，享年五十七歲。

周敦頤為官三十一年，清正廉明，深得民望。周敦頤的一生，無論是為人、為官，還是為文，總是以自己的高尚行為踐行著自己的思想，並使兩者達成高度統一，成為後人競相仿效的典範。

導讀

在哲學思想領域上，周敦頤上承孔孟，下啟程朱。他吸收佛、道思想並形成自己的理學體系，宣揚其「無極而太極」的宇宙論和主靜、順理、誠心、無欲的人生觀。他一生留下的文字不多，詩文加起來也不過六千餘言。他最為重要的作品有《太極圖說》、《通書》，以及流傳千古的名篇〈拙賦〉、〈愛蓮說〉等，後經朱熹闡發，構成龐大的思想體系，影響極為深遠。這也奠定了周敦頤作為湖湘文化的源流宗師、中華理學開山鼻祖的地位，後世尊稱為周子。

目錄

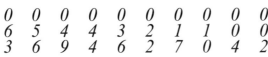

道州神童

周家是有名的書香門第，位於豸嶺（又名道山）之西，左傍龍山，屋前屋後皆有山石環繞。每天清晨，周敦實都能聽到有節奏的搗衣聲和濂溪潺潺的流水聲。

自從周敦實的父親周輔成到桂嶺任縣令之後，他的母親鄭氏便成為樓田村最忙碌的女人。

周敦實有兩個哥哥，一個是同母異父的哥哥盧敦文，為鄭氏和盧郎中所生，比周敦實大十歲。盧郎中去世後，鄭氏成為周輔成的繼室，帶著盧敦文來到了周家。另一個是同父異母的哥哥周礪，為周輔成和原配唐氏所生，也比他大十歲。周敦實還有 個同父異母的姊姊周季淳，乃唐氏所生，比他大五歲。只有小他四歲的弟弟周敦賁與周敦實同父同母。五個孩子的大小事情全靠鄭氏操持，鄭氏每天除了做家務之外，還要負責監管他們的學業。

一天，周敦實要去學堂拜師，鄭氏早已為周敦實縫製了新衣，還準備好了上學用的物品，然後讓盧敦文帶著周敦實去。

盧敦文和周敦實剛出門，就碰到他們的叔父從對面走過來。

叔父見周敦實穿著新衣，才想到今天是他去學堂拜見先生的日子，就故意逗他：「聽說學堂裏的先生很嚴，若是學童不能回答先生提出的問題，先生是不會收的。」

盧敦文知道叔父是故意逗周敦實的，他也不作聲，看周敦實如何應對。

周敦實對叔父的話信以為真，一時站在那裏有點不知所措。

叔父接著又道：「不過，只要你能回答出叔父的問題，先生還是會收的。」

周敦實眨了眨水汪汪的大眼睛：「當真？」

「當然當真」，叔父微微一笑，然後用手指著散佈在周家屋後的五個石墩問道：「你數數看，然後告訴叔父這五個石墩叫什麼名字。」

叔父問完，先看了一眼盧敦文，然後盯著周敦實。盧敦文沒想到叔父會問一個如此古怪的問題，心想，連他這個當哥哥的都不知道如何回答，更何況只有五歲的周敦實。

盧敦文正想要叔父換一個簡單一點的，結果被叔父用手勢制止了。

周敦實想到父親曾教他讀《周易》，五個石礅正好對應五行，於是點著石墩一一答道：「水、火、金、木、土。」

周敦實的回答令叔父大吃一驚，他沒想到周敦實小小年紀就能有如此見識和反應，高興得一把將周敦實舉過頭頂，然後再架在肩上：「走，叔父帶你去學堂見先生。」

學堂就設在周氏祠堂，離周家很近，過了富橋，步行不過百餘步。三人一起來到學堂門口，學堂的先生正在逐個登記，輪到周敦實時，先生見周敦實長得天庭飽滿，大眼睛，高鼻梁，品貌非凡，心裏頓生幾分好感。

「叫什麼名字？」先生問周敦實。

「周敦實。」周敦實看著學堂的先生，一字一頓答道。

「生於何年何月何日？」先生又問。

「生於天禧元年五月初五。」周敦實脫口而出。

先生看了看周敦實，停下手中的筆。周敦實的叔父見先生有點猶豫，猜想是先生嫌他年紀太小，不打算收他，情急之下趕緊道：「先生，別看他只有五歲，他的能耐可不小。」叔父忍不住將剛才發生的事，繪聲繪色地告訴了先生，先生和在場的人聽了都覺得不可思議。學堂的先生又問了周敦實幾個問題，見周敦實都對答如流，便欣然收下了他。這件事很快就在樓田村傳開了。樓田村屬道州營道，因壘木造田而得名，在周家沒遷來之前，這裏的人世代為農，很少出什麼讀書人。自從周敦實辨五星墩之後，樓田村人都認為周家出了一個神童。

周敦實在自己的學業上非常自覺，從不讓母親操心，因之前受到父親的啟蒙，他的學業自然遠勝同年齡的人。時間一長，先生認為周敦實不僅在學問和才思上有過人之處，且人品高潔，為人處事又樸實敦厚，日後定成大器。

周敦實的舅舅鄭向在尚未遷往開封祖居之前，一直居住在衡州（今湖南衡陽）西湖北岸的鳳凰山，五個孩子每年都會隨父母到舅舅家小住。鄭向以龍圖閣直學士致仕，精通《周易》，長於史學，對鄭家子弟和自己的學生甚是嚴格。周敦實每次來到鄭家，鄭向都會悉心教導。

鄭家在宅門口的池塘裏種有一種叫「祁陽白」的白蓮，池塘邊建有讀書亭和講易臺。

每逢夏秋之交，讀書亭前白蓮盛開，講易臺上清香縈繞。在這樣的環境下讀書聽講，成為周敦實少年時代最美好的記憶。

有一天，鄭向召集眾子弟和學生聚集於講易臺，在講完當天的課程後問道：「爾等可知，人生在世何為福貴？」

眾人中有答高官厚祿的，有答錦衣玉食的，鄭向聽了不停地搖頭。他見周敦實坐在那裏一聲不吭像是在沉思，便緩步走到他跟前：「敦實，你來說說。」

周敦實這才不慌不忙地站起來，答道：「君子當以道德充實為貴，身心安寧為福。」

周敦實的回答出乎所有人的意料，鄭向聽了也是一驚，問：「為何？」

周敦實不慌不忙答道：「道德充實，則心胸坦蕩。身心安寧，則無所欲求。什麼高官厚祿、錦衣玉食，也就不值一提了。」

鄭向一邊點頭，一邊緩緩走下講易臺，對眾人高聲道：「為學之道，在於明理修心，爾等當學周敦實。」

周敦實十二歲那年，婚後不過一年的姊姊周季淳突然罹患急症而亡。周敦實從小就和姊姊親近，兩人經常在一起讀書、玩耍，姊姊對周敦實這個弟弟一直關愛有加。花一樣的姊姊，尚未來得及展露她最美的顏色就這樣枯萎了，這讓周敦實第一次對人的死亡產生了強烈的恐懼感。

厄運並未就此放過周家。

周季淳死後的第三個月，周敦實九歲的弟弟周敦賁也死於急性肺炎。兩條鮮活的生命相繼逝去，對周家而言是個嚴重的打擊。周輔成終因悲痛過度，身體每況愈下，鄭氏也整日以淚洗面。

周敦實不想讓自己的悲傷再被家人看見，以免家人更加悲痛，只有埋首於典籍。一部《論語》曾伴他度過不知多少個漫漫長夜。

這天，周敦實又翻到《論語》中的〈顏淵〉篇。

司馬牛問孔子，怎樣做一個君子？孔子回答說，君子不憂愁，不恐懼。司馬牛向子夏傾訴心中所憂，說別人都有兄弟，唯獨我的兄弟都不在了。子夏安慰司馬牛說：「我聽聞死生有命，富貴在天。君子只要做事不出差錯，對人恭敬而合乎禮儀，那麼天下人都是你的兄弟，又何必憂愁呢。」

從這些對話中，周敦實似乎找到了自己想要的答案，可是一旦合上書本，心中那失去親人的悲痛又如濤似浪般湧來，不可抑止。

周敦實十五歲這年，周輔成也因病去世。家中接二連三的變故，使年少的周敦實一度對人生感到絕望。

周敦實有位堂兄弟叫周興，他不忍看到周敦實一直這樣消沉下去，便約周敦實去月岩玩。

兩人沿著坎坷崎嶇的山路，一路西行，他們披荊斬棘抵達月岩時已近晌午，好在太陽藏身於雲層裏，適合抬頭仰望。兩人從月岩的西門而入，洞口亂石嶙峋，長有青苔的小徑上遍佈落葉和雜草，到處是濕漉漉的石壁，側耳傾聽，山風中隱約有水滴的聲音傳來。洞內甚是敞亮，洞頂有一個渾圓的豁口直通天宇，如同一輪滿月高懸。周敦實特意從不同的角度觀察洞頂，洞頂的「滿月」也隨之發生變化，有時是「上弦月」，有時是「下弦月」，有時又是一彎「新月」或者「殘月」，周敦實看得甚是痴迷。

月岩之行，是周敦實人生中第一次領略到自然造化的神奇。月岩之「月」雖與他後來寫《太極圖說》並無直接的關聯，但不排除在潛意識裏對其思想產生了影響。

周輔成在樓田村入土為安後，鄭向囑咐已二十五歲的盧敦文將鄭氏、周礪、周敦實護送至自己在開封的祖宅。鄭氏在離開春陵之前，託付周興代為看護周輔成的墓地，周家的田地也暫時由周興耕作。

到了開封後，鄭向按照鄭家子姪的「惇」字輩分，先是為周敦實改名為「惇實」。後因宋英宗為太子時被賜名「宗實」，為避名諱而改為「頤」，因「惇」和「敦」同音同義，後人一律稱其為「敦頤」。周敦頤，一個看似普通的名字，實則寄予著父親和舅舅的厚望。

離開開封

馬誠從小父母雙亡，若非鄭向好心收留，只怕現在還露宿街頭。鄭向生前從未將馬誠當外人看，就連「馬誠」這個名字也是鄭向替他取的。因長時間待在鄭向府中，馬誠耳濡目染，不僅識字懂禮，還學會了打理一些府裏的事務。由於他手腳勤快又誠實可靠，故而深得鄭向喜歡。

一年前的一天，鄭向特意將馬誠喚至跟前。從鄭向有點肅然的表情裏，馬誠預感到主人這次要交代給他的事情不同尋常。原來，鄭向是想將周敦頤託付給馬誠。鄭向說他這個外甥為人敦厚，從不與人相爭，擔心他以後會吃虧，要馬誠往後跟隨左右，悉心照顧他的飲食起居。還特意叮囑，要馬誠稱呼周敦頤為先生。

周敦頤的到來曾讓馬誠心生歡喜，以為從此又多了一個要好的玩伴，誰知接觸的時間稍長，馬誠便對這種想法感到失望了。他發現周敦頤雖然儀表堂堂，實則是一個木訥無趣之人，一天到晚除了讀書，就是發呆，簡直就是一個書呆子。起初，他以為周敦頤是因為尚未走出喪父的陰影才埋首於古籍之中，後來慢慢發現，周敦頤是真的嗜書如命。

在精心服侍主人的這些年裏，馬誠曾無數次聽到鄭向對他這個外甥的才學和人品讚不絕口。馬誠心裏想，主人是何等人物，以他的地位和學識，又怎會輕易賞識一個晚輩。

由此可見，這個他要稱之為先生的人絕非等閒之輩，否則主人也不會在為周敦頤行過冠禮之後，還促成他和陸氏（職方郎中陸參之女）的婚事。更令人不可思議的是，鄭向還將朝廷按照敘例恩賜的唯一一次封蔭子嗣的機會給了周敦頤，讓他不用參加科考就被朝廷錄用為試用將作監主簿。這說明在主人的心裏，這個外甥的分量比親生兒子還要重。

時隔不久，鄭向病逝於杭州知府任上。鄭向病逝後不到一年，周母油盡燈枯，不久也離開了人世。

周敦頤在短短幾年內失去了多位親人，這讓他如何能夠承受得住這樣的打擊。

此刻，馬誠站在書房外面，隔窗看著坐在書案前，像是入定一般的周敦頤，不由得心急如焚。周敦頤已有兩日未曾出門，他旁邊的那張木桌上，端來的午膳早已涼了，還是紋絲未動。要是潘興嗣還在鄭府就好了，潘興嗣比周敦頤小幾歲，其父和鄭向是至交。潘興嗣性情活潑、開朗，和周敦頤極為投緣，兩個少年在一起總有說不完的話，他們一起歡笑打鬧，一起四處遊玩，也一起挑燈夜讀。那應該是周敦頤自打進入鄭府以來最開心的日子，可惜不到半年，潘父思子心切，派人將潘興嗣接了回去。

馬誠尋思著是否要將自己的擔憂稟告給夫人陸氏。正當馬誠左思右想之際，周敦頤卻像沒事人一樣走出了書房。他一改此前的頹廢情狀，吩咐馬誠備好車馬和行李，準備第二天寅時出發，前往潤州丹徒縣（今江蘇鎮江）的鶴林寺，他要為母守喪。

主僕二人準時出發，一路上，馬誠出於好奇問道：「先生昨日如同變了一個人，馬誠不解是何原因。」

周敦頤看了馬誠一眼，答道：「心有鬱結不能釋懷，唯有書中文字可解。」

馬誠撓了一下後腦勺，還是不解。他又問：「書中文字並非良藥，如何能解？」

周敦頤道：「文字非藥，卻勝過良藥。」馬誠搖了搖頭，愈發糊塗。周敦頤又道：「既然言語能安撫人心，書中的文字雖無聲，讀之，卻如同知己在身邊。」

馬誠這下明白了，他記得有一次自己做錯了事，心裏十分害怕，結果周敦頤不但沒有責罰，還反過來用言語安慰他。馬誠心想：「難怪先生如此痴迷於書本，原來先生經常與那看不見的寫書人在對話。」

「先生心裏有話，不妨也跟在下說說，馬誠不才，雖不能像書本那樣成為先生的知己，卻能充當一個很好的聽眾，或許能緩減先生心裏的鬱結。」

聽馬誠這樣一說，周敦頤不由得心頭一熱：「你可知舅父為何為你取名馬誠？」

馬誠搖頭，他一直以為主人當時只是隨口這麼一叫，先生既然這樣問，這裏面定然還有其他的用意。

周敦頤道：「萬物之所以造化，莫不以誠為本。舅父乃飽學之士，為你取名為誠，自然是意有所指。」

他們這是第三次前往潤州，第一次是送鄭向歸葬，第二次是周敦頤扶柩送自己的母親。前兩次都是全家出動，而這一次只有主僕二人。馬車不疾不徐，兩人說著說著，開封城就愈發遠了。好在正是春暖花開的季節，沿途還有目不暇給的風景。

數日後，二人抵達丹徒的鶴林寺。鶴林寺原名古竹寺，創建於東晉元帝大興四年（三二一年），位於黃鶴山麓，有鶴林門與城區相連。鶴林寺的方丈事先知道周敦頤會來，早已讓人為他在寺西安排好了住處。

待備齊祭品後，主僕二人前往離鶴林寺不遠的墓地祭奠。依照周母生前的遺願，她去世後葬於鄭向的墓側。周敦頤跪於墓前，回想起母親生前種種，不禁悲從中來。

祭拜完畢，二人回到鶴林寺時，天色已晚。因連日來的奔波之苦再加上思母之痛，周敦頤這回是真的病倒了。

居喪鶴林寺

一

一連數日，細雨紛紛，修竹掩映的鶴林寺水霧繚繞，如同幻境。

寺院東面的廂房內，周敦頤披衣下床，將一只沉甸甸的木箱打開，木箱內全是書籍。這些書籍是經過周敦頤精心挑選後，交代馬誠特意從開封搬運過來的。

「先生，藥熬好了，快趁熱喝下。」馬誠接過周敦頤手中的書，說道：「剛才方丈前來探望過先生，見先生臥病在床，他不讓我驚擾先生。這藥就是他帶來的。」

周敦頤一聽方丈來過，眉頭一展，似乎感覺到身體一下子好了許多。周敦頤第一次見到他是在舅舅下葬那日，方丈率寺內眾僧為舅舅誦經超度，之後又請周敦頤到寺內敘談。言談之間，周敦頤才知道舅舅與方丈兩人的交情也非同一般。方丈談到生死輪迴，以佛法寬慰周敦頤，還提到一個名叫壽涯的僧人。壽涯曾在鶴林寺修行多年，也與鄭向有過交往，只是行蹤不定，現不知身在何處。壽涯曾留有一首南北朝時傅大士的偈詩：「有物先天地，無形本寂寥。能為萬象主，不逐四時凋。」此前，周敦頤對儒、釋、道經典都有過深入的研讀，尤其是《易》這本奇書，一直是周敦頤的枕邊之物，他視其為五經之源，認為天地奧妙，盡蘊涵於其中。周敦頤對此偈詩印象深刻，並由此引發了他對世界本質的思考。

這天，周敦頤獨自前往方丈的禪室。一路上，他想起唐代詩人李涉那首有名的〈題鶴林寺僧舍〉：「終日昏昏醉夢間，忽聞春盡強登山。因過竹院逢僧話，偷得浮生半日閒。」尤其是詩中「浮生」二字，讓周敦頤想到莊子所說的「其生若浮」，甚是觸動心弦。這首詩像是專門為他而寫，一種悲愴之感油然而生，但來不及多想，方丈的禪室就在前面不遠。

禪室的門敞開著，室內陳設甚是簡樸，一案、一榻、兩椅而已。方丈雙目微斂，正盤腿坐在榻上，似已入定。遇此情形，若貿然進去，似有不妥，周敦頤欲轉身離去。

方丈眉頭一動，睜開眼睛：「來人可是周施主？老衲已靜候多時。」方丈聲如洪鐘，周敦頤聽得清清楚楚。原來方丈知道他會來，特意將門敞開的。

周敦頤對方丈施了一禮：「敦頤此番登門，特來拜謝大師。」

方丈笑道：「哈哈，看來是老衲在山上採的草藥起了作用。」

周敦頤道：「大師的草藥甚是靈驗，大師上次所言更是治心的靈丹妙藥。」

「周施主又有何心得？」方丈問。

周敦頤道：「在下以為，傅大士所言與《易》、《禮》相合，亦與老聃的大道學說相類。」

方丈微斂雙目：「願聞周施主高論。」

周敦頤又道：「佛家云『五蘊皆空』。有，為緣所生。說的是有、空本為一體。而《列子·湯問》載，殷湯曾問夏革，『古初有物乎？』夏革認為，物之始終，初為無極，卻不知何為物之外事之先。才有無極之外復為無極之論。《老子》言『為天下式，常德不忒，復歸於無極』，釋、道兩家雖各有所論，實際上所探尋的皆為世界之本源。」

方丈含笑不語，周敦頤接著說道：「敦頤以為，先天地之物混沌不清而又沒有窮盡，是為無極，太極便是由此演化而來的。太極的運動為陽，到了極點便歸於寂靜，寂靜為陰，當寂靜到了極點又會透過運動成為陽。」

方丈眉頭一展：「《易・象傳》云『龍戰於野，其道窮也』，其中隱含的正是物極必反。周施主所言，乃陰陽轉化之道啊。」

得到方丈的肯定，周敦頤情緒激動地說：「陰陽五行各有其性，相互轉化，由此而生萬物。」

「阿彌陀佛。」方丈雙手合十，他沒想到周敦頤年紀輕輕，對先天地之物卻有如此深入的思考。尤為難得的是，周敦頤能將儒、釋、道三家融會貫通，關於無極和太極之思，透過陰陽轉化，構建出一個宇宙觀。由此可見，周敦頤的胸襟之博大，視野之開闊，思慮之深遠，實乃世所罕見。方丈歎道：「清虛處士陳摶隱居華山數十載，測天地之機，為養生之術，探求人與自然之理。今聞周施主所論，更為深入。老衲今日受教矣。」

兩人正聊著，一名四十多歲的中年男子出現在禪室的門口。

「胡宿拜見方丈。」來人進門後向方丈施禮。方丈起身上前一把拉住：「胡施主來得正好，這位就是老衲曾跟你提及過的周茂叔。」

周敦頤也早聽舅舅跟他多次提到過胡宿的博學，沒想到會在這裏遇上，趕緊施禮道：「久仰先生大名。」

胡宿上下打量了一下周敦頤，回禮道：「周茂叔果然是青年才俊。」

三人坐下後，接著剛才的話題又是一番暢聊，待胡宿和周敦頤離開方丈的禪室時已近日暮。

分手前，胡宿忽然想起一事：「周茂叔可曾見過范知州？」

周敦頤答道：「曾在舅舅府上見過一面。」

胡宿所說的范知州就是范仲淹，江蘇吳縣人氏，進士出身。景祐三年（一〇三六年），范仲淹將京官晉升情況繪製成〈百官圖〉上奏給仁宗皇帝，彈劾宰相呂夷簡把持朝政，培植黨羽，以警示皇帝要親自掌握官吏升遷之事。呂夷簡得知後暴跳如雷，反過來誣蟣范仲淹「越職言事，勾結朋黨，離間君臣」。范仲淹針鋒相對，又向仁宗皇帝連上四次奏摺，斥呂夷簡虛偽狡詐，因言辭過於激烈，結果被貶。周敦頤聽說此事時，正逢舅舅離世，一年後又聽說原本貶謫饒州（治所今江西鄱陽）的范仲淹已轉任到了潤州。周敦頤與范仲淹雖只有一面之緣，卻留下了很好的印象，再加上〈百官圖〉一事，周敦頤更是發自內心地敬佩范仲淹的膽識和人品。

「先生可與之相熟？」周敦頤反問道。

「並不相熟，只是仰慕已久。聽說他如今在潤州任上。」胡宿道。

「既然如此，何不約他擇日到鶴林寺一敘？」周敦頤道。

「周茂叔和我想到一塊了。」

胡宿當即打發家人先行回去，自己則留了下來。

二

范仲淹在接到胡宿的書信邀請後，沒過多久就來到了鶴林寺。

這一日，清風徐來，天高雲淡，范仲淹讚歎道：「鶴林寺果然是個神仙所在。」

周敦頤和胡宿將范仲淹迎進寺內，馬誠沏了一壺磨笄山的新茶端上來。從年齡上看，周敦頤雖比胡宿和范仲淹都要小二十多歲，但胡、范二人並不在意，三人倒是如多年老友重逢一般，品茶聊天，不亦樂乎。

范仲淹貶為饒州知州期間，其友梅堯臣作〈靈烏賦〉，以烏鴉為喻，描述烏鴉將人的死訊提前告之，人們反而說烏鴉不吉利，希望以此勸誡范仲淹不必直言相諫，以免惹禍上身。然而范仲淹並未聽從，他也回了一篇〈靈烏賦〉給梅堯臣，堅定地表明自己的立場。

周敦頤道：「范知州在〈靈烏賦〉中有言，『寧鳴而死，不默而生』，在下萬分仰慕。」

「范知州大節凜然，在下以茶代酒，敬范知州。」胡宿端起手中的茶杯。

范仲淹喝了一口茶，嘆道：「如今我大宋吏治不清，又有西北邊防隱患，為臣者，豈能不憂。」

胡宿道：「聽聞范知州在饒州曾以執教興學為樂。」

「說起執教興學，我獨敬重泰州（治所今江蘇泰州）胡瑗『以道德仁義教諸生』。先治己，後治人，乃治世之王道。」范仲淹道。

周敦頤深以為然：「范知州所言甚是。師道立，良善之人才會多起來，朝廷有了正氣，天下自然好治理。」

范仲淹突然感慨道：「青年才俊似周茂叔這般才學深厚的，又有幾人？」

周敦頤臉一紅：「范知州過譽了。」

胡宿道：「我倒是聽聞臨江軍之新淦縣有一少年叫王安石，不過十六七歲，也頗有才學和志向。」

范仲淹想了想：「我好像也聽說過，此人雖頗有才學，卻恃才傲物，不知是真是假？」

見胡宿不語，周敦頤說道：「有才之人，難免會恃才傲物。」

胡宿望著范仲淹笑道：「周茂叔此言不虛，想當年，你我在年少之時，不也是如此？」

范仲淹也笑道：「來日方長，有他歷練的時候。」

胡宿提議道：「范知州初來鶴林寺，不如四下裏走動走動。」

范仲淹欣然同意。

是夜，周敦頤臥室的燈火久未熄滅。馬誠問道：「先生又有何心事？」

周敦頤道：「今日見范知州，方知其心中所憂啊。」

三

一日，鶴林寺來了一位少年，指名道姓要見周茂叔。看守寺門的和尚事先並不知曉周茂叔就住在寺內，見此人年紀輕輕又有些目中無人，正準備將他轟走，恰好被馬誠撞上。

馬誠一聽說此人是來找自家先生的，便上前問道：「閣下何人？找周茂叔又有何事？」

來人看了馬誠一眼，頭一仰：「我是新淦縣的王安石，聽說周茂叔從開封到了鶴林寺，特來相見。難不成你認識他？」

馬誠見少年說話的語氣的確有幾分張狂，就隨口道：「周茂叔有事外出，不在寺中。」

「既然他今日不在，那我明日再來。」王安石衝著馬誠的背影大聲嚷道。

馬誠原本想將王安石來到鶴林寺的事告之先生，但話到嘴邊又嚥了回去。心想：「那樣一個不知天高地厚的少年，先生還是不見為好，以免擾了先生的清靜。」

周敦頤見是馬誠來了，指著東谷的一處空地道：「若在此處挖鑿一口泥池，再種上白蓮就好了。」

周敦頤腦海中浮現出舅舅家池塘裏所種的祁陽白，見馬誠臉色陰鬱，對自己剛才說的話沒有任何反應，甚覺奇怪，問道：「莫非有什麼心事？」

馬誠見先生問了，不好隱瞞，只好將王安石前來找他的事說了出來。

周敦頤一聽說是王安石來了，起身就向寺門走去，等他到了門口，王安石已經離開。

見周敦頤站在那裏有點失望，馬誠道：「先生莫急，此人說明日還會來的。」

第二天，周敦頤讓馬誠守在寺門口，一見到王安石，立即帶他進來。

馬誠守到午時仍未看到王安石的身影，心想王安石應該不會來了，正準備回去覆命，只見山道上一個少年慢悠悠地走來。馬誠定睛一看，果然是王安石。

待王安石走近，馬誠上前施了一禮：「我家先生有請。」

王安石見馬誠就是昨天那個說周敦頤不在的人，且當時對自己的態度不好，便故意問道：「你家先生是誰？」

「我家先生就是周茂叔。」馬誠答道。

王安石對馬誠揮揮袍袖：「前面帶路吧。」

馬誠將王安石帶到周敦頤跟前時，周敦頤正在清理書架上的書籍。

「原來你就是周茂叔。我是王安石，字介甫。」王安石見周敦頤比自己也大不了幾歲，說話的語氣一下變得輕鬆隨意起來。

周敦頤見王安石神色中果然有幾分自負，故意問道：「介甫找我有何見教？」

王安石眉頭一揚：「聽聞周茂叔熟讀六經，特來切磋。」

周敦頤微微一笑：「聽聞之事豈可當真？」

王安石盯著周敦頤看了又看：「莫非茂叔兄看我年紀小，不想與我切磋？」

旁邊的馬誠有點聽不下去，插嘴道：「明明是你慕名而來拜見我家先生，不說討教，卻說是切磋，這倒也罷了，竟然胡亂揣測，實在無禮……」

周敦頤心想，王安石年紀輕，還不懂得圓融，說起話來才會這麼直接。於是沒讓馬誠把話說完，便問道：「不知介甫想切磋什麼？」

王安石回想自己剛才的言行，的確有不妥之處，這才拱手道：「剛才的確是小弟魯莽了，還望茂叔兄見諒。小弟此番前來，是想討教學問。」

周敦頤道：「介甫但說無妨。」

王安石立即興致高昂地問道：「請問世人當以何為禮？又以何為樂？禮和樂，孰先孰後？」

周敦頤沒想到王安石一開口提問就顯示出異於常人的思維，於是來回踱了幾步，說道：「在聖人看來，禮，是道德規範。樂，是和諧。有了禮樂，社會秩序井然，世人自然和諧共處。是以先有禮，而後有樂。」

王安石又問：「何為聖人？」

周敦頤：「聖人體悟萬物，效法天道，從而制訂出道德法則。」

王安石：「聖人可以學嗎？」

周敦頤：「可以。」

王安石：「有沒有學習的訣竅？」

周敦頤：「學習聖人的訣竅在於一個『一』字。一個人若能做到一心一意，心無雜念，便不會受到名利聲色的侵擾。人無私欲，則安靜謙遜；內心安寧，則睿智聰穎；明辨是非，則處事公道。這樣的人，差不多也就是聖人了。」

王安石：「生而為人，卻始終離不開『性情』二字。我認為人的喜怒哀樂好惡欲，之所以未從外在體現出來而存於內心，是由其本性所決定；而未從外在體現出來而存在於行動之中，則是由於情感的原因。聖人又是如何看待性情的呢？」

周敦頤：「聖人不因私情和本性而失去公允。聖人的公正就在於以理來節制性情，如同天地日月一樣無私。」

王安石接著又一連提了幾個問題，從政治體制到陰陽五行，包羅萬象，周敦頤都一一作了解答。

王安石最後由衷地感歎：「茂叔兄今日所言，足可解我心中所惑。小弟告辭，後會有期。」

周敦頤原本想再多聽聽王安石的高論，王安石卻急著向他告辭，令他很是不解，但又不便強留，只好將他送到寺院的門口。王安石似乎有很重的心事，匆匆離去。

周敦頤後來尋思，或許是自己的話對他有所觸動，又或許是王安石從中悟到了什麼，急於回去求證。透過這次會面，周敦頤預感到這位王安石並不滿足於自己已有的學問，尤其是對一些問題的思考已遠非常人可及，日後前途當不可限量。

主僕二人花了數天時間，終於將東谷的泥池挖好，並種上了白蓮。白蓮是蓮中珍品，到了五月，蓮株開始發芽分枝，然後抽生花蕾，至六月開花，八月蓮蓬已然成熟，其籽色白粒大，味甘清香。

蓮花在佛教、道教中被視為聖物，周敦頤對白蓮情有獨鍾，經常在蓮池邊閱讀、思考。後來，周敦頤每到一個地方，都與蓮結下不解之緣。

老吏不如

仁宗康定元年（一〇四〇年），西北戰事吃緊，陝西安撫使韓琦奏請朝廷，啟用在越州（治所今浙江會稽）擔任知府的范仲淹任陝西經略安撫招討副使。范仲淹採取「屯田久守」的方針，鞏固了西北邊防。此時，二十五歲的周敦頤在鶴林寺居喪已滿三年，守孝期滿後接吏部文書調往洪州分寧縣（今江西修水縣）任主簿，正式到任是慶曆元年（一〇四一年）。

依照唐代州縣等級劃分制度和宋太祖開寶三年（九七〇年）時的規定，分寧縣屬三等縣，下設主簿、縣尉，以主簿兼管縣令職事。周敦頤的這個分寧主簿實際上就相當於分寧縣的縣令。

這年春天，周敦頤剛到任上就碰到了一件頗為棘手的刑事案件。前任主簿在移交案件時，特將案件的原委向周敦頤作了說明。

這是一樁殺人案，案件的重大嫌疑人是一個名叫杜四的酒坊小老闆，他被關押在獄中等待宣判已有八年之久。

八年前的一天，一個名叫魏武的人到杜四的酒坊來買酒。魏武家住酒坊隔壁，兩家僅一院之隔。魏武見杜四之妻陳氏頗有幾分姿色，便隔三差五過來買一罈酒，無非是想跟陳氏套近乎。但陳氏只管賣酒收錢，對魏武這個人卻毫無興趣。

這天杜四因為平時用來劈柴的斧頭已無故丟失幾日，極不方便，就想到集市上買一把新的回來。杜四一走，就只有陳氏一人在酒坊裏。陳氏見魏武帶著兩個人還推著一輛車過來，就問他買多少酒。魏武沒有正面回答，反過來問她酒坊裏還有多少酒。陳氏說有二十罈，魏武卻說酒不夠，若沒有三十罈，他就換一家買。眼看送上門來的生意就要跑了，陳氏突然想起前兩日丈夫在後院還埋了十罈酒……

於是當下便由陳氏引路，魏武等人拿著鋤頭來到一棵桂花樹下，誰知竟然挖出一具屍首。魏武見此情景，立即叫人報官。官府的人趕到現場後，很快就將陳氏抓走，而杜四在從集市回來的途中也被抓走。

經查，死者為一名叫李文昌的鹽商，其頭部被利斧擊打致死。與屍體一同挖出來的還有一把斧頭，經仵作查驗，這把斧頭正是凶器。杜四看到物證後承認，這把斧頭就是自己幾天前丟失的那把，但杜四否認自己認識李文昌，也堅決不承認自己用斧頭殺了人，至於為何他在後院埋下的十罈酒怎麼會變成屍體，杜四一口咬定是有人故意栽贓陷害。問題是目前所有的人證和物證都對杜四不利，杜四想要脫罪談何容易。

剛開始，官府覺得那個報官的魏武甚是可疑，便暗地裏對他展開調查。數月後，案件依舊毫無實質性的進展，又找不到別的線索。

周敦頤從前任主簿手中接過卷宗後，一個人去了杜四的酒坊。

杜四酒坊的門上掛著一把鏽跡斑斑的鐵鎖。周敦頤一打聽，才知道早在八年前，陳氏被釋放後不久，就帶著女兒回鄉下父母家了。

周敦頤來到酒坊後面的院子，院子凌亂不堪。周敦頤發現了牆角堆放的空酒罈子，這與他和馬誠剛進分寧縣城時沿街看到的酒罈一模一樣。由此可見，分寧縣城用的酒罈應該都出自龍泉窯。在仔細察看完院子之後，周敦頤最後將目光鎖定在院子的隔壁，那是魏武的住所……

馬誠說：「也不急在一時，先生過段日子再審也不遲。」

「正因此案拖得太久，不能一拖再拖。」周敦頤邊說，邊拿起案卷，仔細地翻閱起來。馬誠見先生不睡，他也不睡，於是站在一旁候著。

「明日一早，你帶兩個人去尋找陳氏的下落。」周敦頤邊翻卷宗，邊對馬誠說道。

第二日，馬誠沒費多少周折就找到了陳氏，並將其直接帶到公堂。

陳氏一到公堂，立即跪倒在地，大呼道：「我家官人冤枉啊……」

周敦頤見陳氏雖面容憔悴，卻難掩姿色，便問道：「本官問妳，八年前，妳可與他人另有私情？」

陳氏：「主簿明鑑，民婦絕無私情。」

周敦頤：「可有人曾糾纏於妳？」

陳氏猶豫了一下，然後說道：「民婦的官人被關押後，曾有人上門提親。」

周敦頤：「提親之人是誰？」

陳氏：「此人姓魏名武。」

周敦頤：「本官再問妳，妳家賣出去的酒可有什麼標記？」

陳氏想了想，「哦，回稟大人，民婦想起來了，平時賣出去的酒沒有標記，但埋在後院的那十罈酒有標記。」

周敦頤：「此話怎講？」

陳氏：「我在這十個酒罈的罈底都刻了一個杜字。」

問完陳氏，周敦頤命馬誠速帶人前往魏武家，一旦搜出刻有杜字的酒罈，就連人帶酒罈一並帶到衙門。

果然不出周敦頤所料，馬誠在魏武家搜到了酒罈。當天魏武並不在家，馬誠是在魏武回家的途中將其抓獲，然後帶回衙門。

魏武到了大堂，才發現大堂上坐著的主簿，從頭到腳透著一股儒雅之氣。魏武知道這位主簿新上任，一看就沒什麼辦案的經驗，自然不放在眼裏。

「堂下何人？」周敦頤不怒自威。

「見過周主簿，小人姓魏名武。」魏武有點不太情願地跪下，然後答道。

「你可知這酒罈從何處而來？」周敦頤掃了一眼堂上的酒罈。

魏武指了一下馬誠，答道：「是這位官差從小人家中搜來的。」說完，魏武將頭一揚：「這種酒罈分寧縣城到處都是，周主簿若是感興趣，您要多少，小人就可以給您弄多少。」

周敦頤面色一沉，緩步走到魏武的跟前：「本官再問你，這酒罈從何處而來？你可要如實回答。」

魏武眼珠子一轉，回答道：「周主簿明鑑，這是小人從附近的酒坊買來的。」

周敦頤的目光突然變得銳利起來，像劍一樣刺向魏武：「可是從杜四家的酒坊買來的？」

魏武遲疑了一下，見周敦頤一直盯著自己，不由得心裏一顫，慌忙點頭道：「是的。」

周敦頤又問道：「到底是你從杜四那裏買的，還是在杜四酒坊的後院挖出來的？你可得想清楚。」

聽到「挖」字，魏武一時大驚失色：「這酒……這酒真的是小人買的……」

周敦頤：「既然是買的，為什麼這酒罈的罈底有記號？」

「記號？小人不明白周主簿的意思。」一想到有可能是這位周主簿故意誆騙他，魏武馬上又故作鎮靜。

周敦頤突然拍案而起：「大膽魏武！你還想狡辯，那就由本官來告訴你。你家與杜四的酒坊僅一院之隔，你只要通過自家的窗戶便可看到院子裏的一切動靜。八年前，你見陳氏貌美，一直想據為己有，怎奈杜四夫婦恩愛有加，讓你無從下手。你以為除掉了杜四，就有機會佔有陳氏，於是借機嫁禍杜四。你先是偷走杜四常用的斧頭，在殺死鹽商後，見杜四埋酒於樹下，便在深夜將埋下的酒挖出搬回自己的家中，然後神不知鬼不覺地換上死者的屍體。當你發覺杜四不在家，又故意帶人前去買酒，謊稱自家親戚七十大壽，以買酒之名，讓事情暴露在大庭廣眾之下，這樣既坐實了杜四就是殺人兇手，也有意讓官府作出陳氏對埋人一事並不知情的推斷。杜四入獄之後，陳氏果然如你所願被官府釋放。不久，你就迫不及待地上門向陳氏提親，直到陳氏拒絕你，離開酒坊回到鄉下之後，你才對陳氏死心。」

此時的魏武已聽得面如土色，他沒想到周敦頤所言如同親眼所見，分毫不差，跪地說道：「周主簿饒命啊，小人與那鹽商並無仇怨，小人也是受人指使……」

周敦頤喝道：「受誰指使？」

魏武哭喪著臉：「是小人……小人的一個親戚。他叫郭天保，是小人的表叔，也是一名鹽商。自從李文昌來到分寧後，多次壓低鹽價出售，搶走了不少生意，表叔一直懷恨在心，早就想除掉……除掉李文昌。是他……給了小人一筆錢，指使小人去做的。」

案情至此真相大白：在本地鹽商郭天保的指使下，魏武殺死了李文昌。之後，魏武為了達到自己的目的又嫁禍於杜四。郭天保很快被緝拿歸案，他對自己指使魏武殺人的事實供認不諱。周敦頤依據《宋刑統》中的第十七卷第二條，以謀殺罪判處郭天保死刑，魏武則同時犯有謀殺罪和栽贓陷害罪，兩人均被押入死牢。此案上報刑部核准後，兩名案犯秋後問斬，杜四則無罪釋放。一樁八年前的懸案，經周敦頤之手「一訊立辨」。

當地人得知此一消息，無不拍手稱快，奔走相告。有人更是驚歎道：「新任周主簿辦案，就算是有經驗的官吏都不如他。」

此懸案告破之後，周敦頤又接連破了二十餘起大小積案，官聲由此大振。

講學於公齋

自宋太祖將「不得殺士大夫及上書言事人」勒於石碑以昭示子孫始，民間各地皆有飽學之士創辦書院，興辦學堂，造福於學子。孫復、胡瑗知識淵博卻甘於清貧，施教時強調文章「傳經義」、「以理勝」，強調為人處事要「敦尚行實」，開宋代新學風之先河。宋代尚學之風的興起，為周敦頤興教辦學，以及後來成長為一代鴻儒提供了豐沃的土壤。

入夜，周敦頤的盧溪官舍燈火通明，他坐在案前時而沉思，時而奮筆疾書。明天是他在盧溪正式講學的日子，他得事先擬好講授的內容。

自從周敦頤由分寧主簿平調到袁州（治所今江西宜春）盧溪鎮代理市徵局事務後，馬誠緊跟著周敦頤辦事的節奏，一直都沒閒著。眼看全年的徵收任務已提前完成，馬誠以為這下可以輕鬆了，誰知周敦頤又將自己的官舍作為開館教學的場地。周敦頤還將自己的薪俸拿出一部份用來置辦桌椅教具，以供講學之用。

馬誠見周敦頤還不打算休息，就上前勸道：「先生明天還要講學，應該早點休息。」

周敦頤抬起頭，見官舍已佈置妥當，甚是滿意。他放下手中的筆，隨手拿起一張剛才寫的講義遞給馬誠，說：「你唸一唸。」

馬誠見周敦頤興致勃勃，只好接過那張墨跡未乾的講義，唸道：「動而正曰道，用而和曰德。匪仁，匪義，匪禮，匪智，匪信，悉邪矣。邪動，辱也；甚焉，害也。故君子慎動。」

待馬誠唸完後，周敦頤問道：「你可明白其中的道理？」

馬誠一個勁地搖頭：「不明白，還請先生教我。」

周敦頤道：「只有當一個人動機純正的時候，才會走正道。處理事情，不偏不倚，才合乎道德規範。一個不仁、不義、不禮、不智、不信的人，會走向邪惡。一個人動了邪念，他的行為不僅會讓自己受到羞辱，還會造成別人的傷害，是以君子做每一件事都要三思而後行。」

周敦頤沒想到馬誠竟然一點就通，他原本對開辦學堂並沒有什麼把握，一是自己初登講堂，心裏難免有些忐忑。二是他講的不是「六經」，而是自己的思想觀點，能否被人接受尚不得而知。透過馬誠的反應，周敦頤有了一定的信心。

果然，周敦頤開講的第一天就取得了成功，前來聽講的人絡繹不絕，尤其是周敦頤所講的學問讓人聞所未聞，聽者無不被他淵博的學識和深入淺出的講解所折服。

周敦頤沒想到自己初次講學便受到了學子們的喜愛，這對他而言是莫大的鼓舞。每天在政務之餘，周敦頤不是在講學，就是在準備講義。

這天，學子們早早就來到了講堂，座無虛席。

此次講學，周敦頤並未按照自己備好的講義進行講解，而是先由學生提問，再由他來進行解答。

第一個發問的是一個衣著樸素的小夥子，他問道：「先生，我自知資質不夠，不及別人聰明，請問我該怎樣改變自己？」

周敦頤道：「你能意識到自己不如別人，這一點就比很多人強。你若想改變自己，就要讓自己進步。只有不斷地學習，才能讓你得到改變。」

小夥子有點激動，很顯然，周敦頤的話讓他樹立了自信心。

這時，一個年輕人接著小夥子的提問問道：「先生，若發現朋友身上有缺點，我應不應該及時提醒他？」

周敦頤道：「君子勸人為善。朋友有缺點，當然應該及時指出來並告訴他，缺點是能改掉的。」

年輕人又問：「對於一個雖有過失卻無大惡的人，應該如何勸誡？」

周敦頤道：「《春秋左氏傳》有云：『人非聖賢，孰能無過！過而能改，善莫大焉。』你可以告訴你的朋友，誰都有過失，改掉了就是君子，有過不改，才是大惡。他聽到這樣的話，還會不改嗎？」

眾人皆認為周敦頤所説，句句在理，一時提問者十分踴躍，周敦頤有問必答。

在這堂課快要結束時，從虔州慕名而來的中年男子問道：「對於孩童，先生該如何教導？」

周敦頤答道：「孩童就如同山下湧出的泉水，從裏到外純潔無邪。為師之道，當因勢利導，切不可令其沾染世俗的欲念，從而擾亂其心性。孩子的心性一旦不清不靜，就很難教導了。」

中年男子聽罷感慨道：「先生今日所言，皆為君子之道，程某全記下了。」

周敦頤在袁州的講學風氣一開，立即帶來了連鎖反應。袁州的進士競相來此講學，各地前來求學的人更是趨之若鶩。

這一年是慶曆三年（一〇四三年），進士及第的王安石已在揚州走馬上任，令「西賊聞之驚破膽」的范仲淹也回到朝中。時任樞密副使、參知政事的范仲淹，在宋仁宗的支持下，大力推行「慶曆新政」。然令周敦頤感到可惜的是，「慶曆新政」實施不到一年就宣告失敗，范仲淹因受到保守派的猛烈攻擊，再次被貶出京城。

刀下留人

慶曆四年（一〇四四年），從分寧到盧溪，無論是為政還是教學，周敦頤都展現出過人的智慧和才華。周敦頤順利通過吏部對他的考察，調南安軍任司理參軍。司理參軍為知州的佐官，按宋制主要掌管訟獄，是直接辦案的官員。

在調往南安軍之前，周敦頤就對轉運使王逵有所耳聞。人皆言王逵為政暴虐、濫刑好殺，周敦頤到任之後，才知此言非虛。

周敦頤剛一上任，王逵就交給他一份處決犯人的名單，命周敦頤第二天到刑場負責監斬。拿到這份名單之後，周敦頤的心裏有點不踏實，這畢竟是幾條人命，不能有半點差池。他讓馬誠將人犯的卷宗全部調出，回到官舍後一個一個地進行核對。

「先生，這些案子都是王轉運使親自定的，刑部也已核准，先生執行就好了，為何還要審閱？」馬誠擔心周敦頤在審閱這些案子的過程當中，再生出什麼枝節，會帶來不必要的麻煩。

周敦頤一臉嚴肅地說道：「人命關天，豈可馬虎。」

經過認真核查，周敦頤發現其中有一樁案件量刑過重。案犯陳向志是一名鏢師，長年走鏢在外，家中只剩下父親、妻子和幼子。有一天，陳向志的父親目睹南安一大戶人家的公子當街毆打一男子，問清緣由之後才知這名男子只是不小心擋了他的道，結果不容分辯就遭此毒手。陳父實在看不過去，不過是說了幾句公道話而已，便被毒打了一頓。陳父身受重傷又加上悲憤難平，沒過幾日就一命嗚呼了。陳向志得知實情後，於一天晚上潛入大戶人家的府中，打人的公子尚在酣睡之中就已身首異處。陳向志殺人之後，提著人頭直接到官府自首。

「陳向志一案是誤判，我得去向轉運使問個清楚。」周敦頤放下卷宗說道。

馬誠心裏一驚，說：「先生且慢，先生可知這王轉運使辦案素來獨斷專行，他親定的案子怎肯輕易改判。更何況……」

見馬誠欲言又止，周敦頤邊換官服，邊問道：「關於此案，你還知道什麼？」

馬誠支支吾吾地說：「我也只是聽說……聽說這個陳向志所殺之人，是王轉運使家裏的一位……遠房親戚。」

周敦頤停下來，看了馬誠一眼：「好啊，難怪會判處死刑。」

馬誠原以為周敦頤會因此改變主意，問道：「先生還要去找王轉運使理論嗎？」

誰知周敦頤迅速將官服、官帽穿戴好，態度異常堅決：「不管是誰判的，有錯就得改判！」

周敦頤見到王逵後，直接將陳向志的卷宗放到王逵的案頭。

「周參軍是否對此案有什麼疑問？」王逵問道。

「請王轉運使明鑑，按照《宋刑統》卷十八第六條規定，犯人陳向志不應判處死刑。」周敦頤接著道，「陳向志之所以夜入民宅殺人，是因得知其父被毒打致死。殺父之仇，不共戴天，陳向志因胸中惡氣難平才失去理智。殺人後，他並未逃跑，而是投案自首。依律罪不該死，應將死刑改為流刑」。

周敦頤話音剛落，王逵臉色一沉，說：「周參軍倒是熟知我大宋律法，但本官以為這個陳向志在得知其父死後並未報官，這是藐視官府。夜入民宅殺人，是自恃自己武功高強而蓄意殺人。就算他事後自首，亦不能脫其罪。殺人償命乃天經地義。」

周敦頤正要分辯，一小吏有要事前來向王逵通報。王逵急於出門，見周敦頤還沒有要走的意思，甚是不快，厲聲道：「此案已判定，絕不更改。本官現有要事要辦，周參軍不要再白費口舌，請回吧。明日記得到刑場監斬。」

王逵說完，將周敦頤晾在那裏，疾步向外走去。

周敦頤回到官舍後一宿未眠。馬誠知道周敦頤在王逵那裏碰了個大釘子，但又不知如何安慰他，只能在一旁乾著急。

第二天一早，周敦頤吩咐馬誠取來自己的告身。

主僕二人先是趕到大牢，周敦頤原本打算在王逵押解犯人去刑場時與他理論，誰知兩人來晚了一步，王逵一大早就將犯人押走了。周敦頤和馬誠只能快馬加鞭地趕往刑場。

刑場設在城西菜市口，此前官府張貼過行刑的公告，前來圍觀的人早已將整個刑場圍得水泄不通。刑場上，幾個凶神惡煞的刀斧手將五花大綁的人犯押到臺前。陳向志的妻子一邊哭，一邊大喊「冤枉」。

親自監斬的王逵拿出刑部的公文，昂著頭宣讀起來。在他唸到「陳向志」時，臺下的人群裏一陣騷動，周敦頤分開人群走到臺前，大喊道：「刀下留人！」

「周參軍是來監斬，還是來救人？若是監斬，周參軍為何此時才來？若是來救人，周參軍來得也不是時候，一切都已經晚啦。」王逵揚了揚手中的公文：「本官已當眾宣判，周參軍既然來了，就在一旁看著本官行刑吧。」

周敦頤不卑不亢，正色道：「下官是來救人的，這次要救的是兩個人。」

王逵問：「除了陳向志，你還要救誰？」

周敦頤直視王逵：「這個人就是您，王轉運使。」

王逵先是一愣，然後仰天大笑道：「周茂叔，本官念你初到南安，又護法心切，本不打算治你延誤監斬的失職之罪，你倒好，反過來還想戲弄本官。本官倒想聽聽，你到底是安的什麼心，你又如何救得了本官。」

周敦頤道：「下官不來監斬，是不想靠殺人來討好王轉運使，更何況此人按律本不該殺。既然此人不該殺，就得救。轉運使若是殺了不該殺之人，就是知法犯法，下官不想轉運使因此獲罪，故也得救。若不救，下官身為朝廷命官，明知宣判有誤卻不予以糾正，也難辭其咎。」

王逵的臉氣得一會兒紅，一會兒紫，他指著周敦頤：「你……你膽敢教訓本官……」

周敦頤道：「下官不敢。下官只知道要遵守國家法度。」

王逵氣急敗壞地說：「好，本官倒想看看你今天能救得了誰。」

周敦頤見王逵拿起桌上的令籤，準備命手下行刑，立刻向馬誠使了個眼色。馬誠慌忙從懷裏掏出周敦頤的告身。

周敦頤接過告身，往王逵面前一丟：「王轉運使若一意孤行，下官寧願棄官為民。」

王逵沒想到周敦頤為了救一個與自己毫不相干的犯人，寧願置自己的官位和前途於不顧。他這下子被震懾住了，不再和周敦頤繼續爭執，只是眉頭緊蹙，一個人背著手在行刑臺上走過來走過去。他再次走到周敦頤面前，彎腰將地上的告身撿起，重重地拍在周敦頤的手上，然後從臺上走了下來。

王逵回頭看了一眼周敦頤，又環顧了一下四周，大聲道：「鑑於陳向志一案又有新的疑點，今日暫不行刑，押回官府重審。」

經重新審判後，陳向志免於死刑，改判為流刑，報刑部核准後，被押往千里之外的邊地終生服苦役，算是撿回了一條性命。

讓周敦頤沒有想到的是，從此以後，王逵對他敬佩有加，也極其信任，無論大小案件都事先徵求他的意見，再量刑定罪。

收二程為徒

一

慶曆六年（一〇四六年），程珦以虔州興國縣知縣代理南安州副職，成為周敦頤的頂頭上司。按照慣例，周敦頤作為下屬得去拜見上司。

在見到程珦時，周敦頤總感覺此人似曾相識，但一時又想不起來。

「周茂叔，見到本官是不是覺得有點面熟？」程珦看著周敦頤微笑著說。

「哦，下官想起來了，」周敦頤道，「下官曾在盧溪的學館見過程知縣。」

程珦道：「周茂叔好記性。」

周敦頤作揖道：「上次下官不知是程知縣駕臨，失禮之處還望見諒。」

程珦回禮道：「當時本官還在虔州，聽聞周茂叔在盧溪開壇設講，特來一見。周茂叔所論果然精妙。」

周敦頤忙拱手道：「大人過獎了。」

自從程珦到南安州任職後，他對周敦頤格外留意，經過一段時間的觀察，他發現周敦頤不僅學識淵博，處理政務的能力也非常人可及。最為難得的是，周敦頤在言行上是高度一致，這在官場上極為罕見。

程珦育有二子，程顥和程頤。程顥，字伯淳，號明道，十五歲；程頤，字正叔，別號伊川，十四歲。因家學淵源，兩兄弟從小就受到良好的教育。程珦極為重視二子的學業，鑑於二子現有的學識，已很難找到能教他們的老師。上次盧溪之行絕非一時興起，程珦真正的目的是為了替兩個兒子物色合適的老師。他聽了周敦頤的一堂課之後，留下了很好的印象，曾萌發過讓二子拜師的念頭，沒想到天遂人願，周敦頤現在就站在自己的面前。

這天，周敦頤正在低頭查閱訟獄卷宗，程府家僕送來了一張請柬，邀請周敦頤到程府去赴家宴。帶著滿腹的疑問，周敦頤準時來到程府。

程珦將周敦頤迎入府中，通知兩個兒子出來拜見老師。此時，程顥和程頤正在書房裏談論父親為他們新請的先生。

程顥道：「聽父親說，今天請來的這位先生才學了得。」

程頤不以為然：「此人不過是父親的一個下屬，依小弟看，他的才學不會高到哪裏去。」

程顥認為程頤的話不無道理，就附在程頤的耳邊說道：「你我不妨在席間如此這般，他有無才學一試便知。」

兄弟二人在前廳拜見周敦頤時，一個噘著嘴，一個皺著眉頭，在向周敦頤行禮時，兩人匆匆一揖，甚是草率。

程珦對兄弟二人這種失禮的行為雖然不悅，但又不好發作，只好一臉尷尬地對周敦頤說：「犬子頑劣，請先生莫怪。」

周敦頤微微一笑道：「今日大人請下官來，可是想讓下官收兩位公子為徒？」

程珦說：「先生是如何得知本官用意的？」

周敦頤說道：「兩位公子經您精心栽培，自是學識不凡，豈能不知禮數。今日見到下官，定然是故意為之。」

程珦問道：「先生怎知二人是故意為之？」

周敦頤道：「大人可見過任人驅使的良駒？」

這下程珦聽明白了，原來是這兩個小子在故意為難周敦頤。程珦覺到既好氣，又好笑。

「真是什麼也瞞不住先生，今日請先生來，正是想請先生收二子為徒。還請先生不要推辭。」程珦一邊說，一邊請周敦頤入席。

程顥和程頤坐在周敦頤的對面，兩人都有點不太自在。程頤忍不住先開口：「先生若是只教我們六經，就不勞先生費心了。」

程珦聞言呵斥道：「吾兒不得對先生無禮。」

周敦頤不但不惱，反而笑了：「兩位公子怎知我要教你們六經？」

程頤臉上一紅，意識到自己剛才過於心急，一時不知如何回答。

程顥要沉得住氣一些：「小弟剛才有點魯莽，先生莫怪。我想請問先生，文何以載道？」

周敦頤略為沉吟了一下，說道：「文以載道，猶如馬車用來運載物品。即使馬車裝飾得再華美，若無東西可裝，也不過是一輛空車。文章若只講求技巧，沒有道德義理，便不能起到教化的作用，也就沒有什麼價值。」

程頤接著問道：「在先生看來，何為道德義理？」

周敦頤答道：「道德義理在宇宙萬物之間，有的顯而易見，有的隱晦不明，若不用心思考，很難知曉。陰陽二氣化生五行，五行化生萬物，萬物都有其發展規律，掌握了規律，也就懂得了道德義理。」

兩兄弟聽了周敦頤的解答，剛才的驕橫之氣已蕩然無存。程珦喝了一口茶，含笑不語。

程顥又問道：「先生可知何為聖人之道？」

周敦頤道：「聖人之道，無非是奉行仁、義、中、正罷了。貴在恪守，切實奉行，則無往而不利。若能更進一步，那便是其德與天地相配，這樣的人自然就是聖人。」

周敦頤話音剛落，兩兄弟突然從座位上起身，走到周敦頤的跟前，然後跪倒在地，齊聲道：「先生在上，請受弟子一拜！」

二

周敦頤自從收二程為徒之後，除了政務和教學，他還得將自己的講義進行整理、補訂，他的傳世之作《通書》也正是在這個時期完成的。

程顥和程頤自從拜周敦頤為師之後，學業上大有長進。

一日，周敦頤放下手中的講義，師徒三人席地而坐，無拘無束地交談起來。

程頤道：「上次我問先生，窗前雜草叢生為何不除，先生說與自家意思一般。不知先生可有所指？」

周敦頤道：「孟子云：『萬物皆備於我』。這世間之物，生生滅滅皆屬自然，也合乎其理。窗前之草生於自然，為何要人為除之？」

程頤恍然大悟道：「先生是在教我們為人以仁。」

程顥補充道：「先生也在告訴我們，天地萬物原本就是一體。先生所說的『與自家意思一般』，亦是此理。」

周敦頤聽後微笑點頭。

程頤問道：「那在先生看來，人與物有何區別？」

周敦頤道：「天地之間，只有人獨得陰陽之精華。人的情感在與物的感通中形成，從而有了喜、怒、哀、樂，因此人能區分是非善惡。」

周敦頤接著說道：「你們兄弟二人何不去尋找顏回之樂？」

周敦頤所說的「顏回之樂」，出自《論語·雍也》，程氏兄弟自然是非常清楚。顏回是孔子最得意的弟子，對於顏回的道德修為，連孔子都自歎不如。孔子曾當著眾弟子的面說：「賢哉，回也！一簞食，一瓢飲，在陋巷，人不堪其憂，回也不改其樂。」

周敦頤道：「你們兄弟二人當以顏回為楷模。」

兩人心想，顏回以竹筐吃飯，以瓜瓢飲水，住在小巷子裏，別人都受不了那窮苦的憂愁，顏回卻樂在其中。先生之所以要他們學習顏回，是因為顏回所追求的不是世人所仰慕的富貴和名利，而是先生時常跟他們說的道啊。想到這裏，兄弟二人跪在地上說：

「弟子當謹記先生教誨。」窗外下起了雨。周敦頤的思想像春雨一樣浸潤著兩個少年的心田。

《太極圖說》

一連數日，周敦頤除了處理政務之外，就將自己關在書房裏。他的兩個弟子程顥和程頤也暫時休學在家。馬誠覺得甚是奇怪，先生既不看書，也不著文，而是在畫畫。

周敦頤畫的是大大小小的圓，畫完圓，又在圓內塗來抹去。馬誠看不懂周敦頤到底要畫什麼，他只是覺得周敦頤對自己畫的東西很不滿意。周敦頤經常畫幾筆就停下，或者將畫紙揉成一團丟到地上，然後拿起另一張紙又接著畫。

周敦頤對馬誠的話充耳不聞。

這天，周敦頤的好友潘興嗣來訪。潘興嗣的到來讓馬誠很是高興：「潘先生來得正好，我家先生這幾日突然迷上了畫畫，一連幾日都未出門，可能是畫累了，正在酣睡。」

潘興嗣也覺得奇怪：「茂叔畫了什麼，快帶我去看看。」

馬誠帶著潘興嗣來到周敦頤的書房，只見書桌上有幾張紙，一張紙上畫的是太極圖，另外幾張紙上寫的是「太極圖說」。潘興嗣看了太極圖，驚歎不已。這張圖由五部份組成，圖中有小字旁注：第一部份是一個圓，圓內空無一物，意為無極；第二部份為圓中有圓，圓中之圓虛實相合，意為陽動陰靜；第三部份為水、火、土、金、木，五行之間有線條相互勾聯，意為五行衍化；第四部和第五部份也分別都是一個圓，第四部份意為乾道成男，坤道成女；第五部份則意為萬物生化。

在還沒有看《太極圖說》之前，潘興嗣從這幅「太極圖」中已預感到周敦頤所要構建的是一個關於天地萬物的思想體系。周敦頤的《太極圖說》將此一思想作了精妙的闡釋。潘興嗣大聲誦讀起來：

無極而太極。太極動而生陽，動極而靜，靜而生陰，靜極復動。一動一靜，互為其根；分陰分陽，兩儀立焉。陽變陰合而生水、火、木、金、土，五氣順布，四時行焉。

五行一陰陽也，陰陽一太極也，太極本無極也。五行之生也，各一其性。無極之真，二五之精，妙合而凝。「乾道成男，坤道成女」，二氣交感，化生萬物，萬物生生，而變化無窮焉。

唯人也，得其秀而最靈。形既生矣，神發知矣，五性感動，而善惡分，萬事出矣。聖人定之以中正仁義而主靜，立人極焉。故聖人與天地合其德，日月合其明，四時合其序，鬼神合其吉凶，君子修之吉，小人悖之凶。故曰：「立天之道，曰陰與陽。立地之道，曰柔與剛。立人之道，曰仁與義。」又曰：「原始反終，故知死生之說。」大哉《易》也，斯其至矣。

潘興嗣一口氣讀完後，頓覺周身上下有一種酣暢淋漓之感。《太極圖說》的第一節言天地萬物之造化；第二節言人立於天地之間當如何遵循自然法則，以合天道，可謂字字珠璣。潘興嗣意猶未盡，一邊默誦，一邊在書房裏踱步。

突然，潘興嗣雙手一拍，對馬誠說：「去，快去把茂叔叫來！」

馬誠頗感為難：「先生尚在睡夢之中。此時叫他……」

潘興嗣袍袖一抖：「怕什麼？就說我到了，他不會責怪你的。」

馬誠正欲去叫周敦頤，突然傳來周敦頤的聲音：「延之啊，你來了也不提前相告。」話音剛落，周敦頤已站在兩人身後。

「先生不是在睡覺嗎？」馬誠甚感意外。

「我在睡夢中聽到延之在大聲誦讀，哪裏還睡得著。」周敦頤道。

潘興嗣拍著周敦頤的肩膀：「還以為茂叔早將我這老友忘得一乾二淨了。」

周敦頤笑道：「哪裏敢忘啊。聽說延之已經辭官，為何？」

潘興嗣道：「我在調任德化尉那年，去拜見江州（治所今江西九江）刺史，原以為他與我有同鄉之誼會善待我，不料他卻高高在上。我向他施禮，他坐在那裏不但不回禮，連正眼都不看我。我一怒之下辭了官，回來後就在豫章城南建了房子，每日以讀書為樂，倒也落得個清閒自在。」

周敦頤感慨道：「這麼多年過去了，延之的性情倒是一點也沒變。」

潘興嗣拉住周敦頤的手：「我的事不值一提，茂叔兄快跟我說說，怎麼會想到寫《太極圖說》？」

周敦頤吩咐馬誠去備些酒菜，然後對潘興嗣道：「延之可還記得，我們在舅舅府上挑燈夜讀的日子？」

潘興嗣：「當然記得。我們還無數次地爭論過天地萬物的由來。」

周敦頤：「此事困擾我多年，只不過今日才寫下來。」

潘興嗣：「茂叔兄才高志遠，小弟佩服！」

周敦頤：「延之過譽。你難得來一趟南安，既然來了，定然要多留些時日。」

潘興嗣：「平時裏我閒散慣了，喜歡到處走動，這次正好路過南安，知道茂叔兄在這裏，就臨時決定來了，也不敢叨擾太久，明日就走。」

周敦頤：「這麼匆忙？」

潘興嗣：「以後想來就會來。前段日子約了介甫，在他赴京之前，說好與他在臨川相見。介甫性子急，見我久不去，會遷怒於我，哈哈。」

周敦頤笑道：「既然如此，我也不便留你，見到介甫，就說我還記得他。」

潘興嗣忙道：「你不說，我差點忘了。介甫自從在鶴林寺和茂叔兄晤談之後，數次與我談及茂叔兄的才學。這世上驕傲如介甫者，卻唯獨對兄另眼相看，實屬難得。」

兩人邊走邊說，來到官舍的一處雨亭，馬誠已在亭內的石桌上佈好酒菜。亭旁的一株石榴樹結滿了石榴，其中一顆最大的石榴已經裂開，如同張嘴而笑一般，一眼就能讓人看到那晶瑩剔透的石榴籽，它一顆顆鑲嵌在粉紅的果肉之中，煞是好看。

周敦頤和潘興嗣相對而坐，兩人邊飲酒邊聊，雨亭裏不時響起二人爽朗的笑聲。這一刻，彷彿一下子回到了從前。

不以屬吏遇之

這年冬天，在轉運使王逵的推薦下，周敦頤升任湖南郴縣縣令，這也是周敦頤為官生涯的第一次升遷。

在離開江西啟程前往郴縣這天，周敦頤乘坐的馬車剛剛出城，棉籽般的雪粒就開始在地上蹦跳。緩緩行進的車輪碾壓在崎嶇的土路上，發出吱吱呀呀的響聲。

出城沒多久，馬誠見前面的涼亭有人候在那裏，仔細一看，是程顥和程頤。兄弟二人是專門來為先生送行的。師徒三人臨別之際自然有不少話要說，想到此去山高路遠，周敦頤將自己平時的講稿送給兄弟倆作為紀念。

郴縣是郴州州府的首縣，也就是州府所在之地。周敦頤到任後見此地學習風氣不盛，就想將自己在盧溪和南安積累的辦學經驗在郴縣推廣。他的想法很快得到知州李初平的支持。李初平雖乃一介武夫，但對有學識的人卻青睞有加，在學堂旁聽了一堂課之後，他對周敦頤的才學極為欣賞，從此不再將周敦頤視為自己的下屬，而是像老師一樣敬重。

有一天，滿頭白髮的李初平找到周敦頤，很坦誠地問道：「周縣令，老夫行伍出身，領兵打仗尚可，可嘆學識淺薄。近日聽先生講學，有求道之志，又擔心自己年事已高，不知是否還來得及？」周敦頤見他求學心切，答道：「若知州誠心求道，下官願意為您講解。」李初平聞言喜出望外。自那以後，周敦頤無論如何忙碌，每天都會抽出一些時間，單獨為李初平講解。

為表達自己誠心向學之心，李初平在聽講之前，都會先沐浴淨身，然後必恭必敬地向周敦頤施以大禮。

馬誠忍不住問周敦頤：「知州身居高位，又年長先生許多，卻主動向先生行禮，豈不有違常理？」

周敦頤道：「我欲阻止，可知州執意如此。」

馬誠又道：「或許在李知州看來，求學更甚於為官？」

周敦頤道：「知州大人敬我，實則是崇學敬道啊。」

聽周敦頤這樣一說，馬誠恍然大悟。

一年後，正當李初平在學業上大有長進時，卻因為身患疾病，不治身亡。李初平雖為知州，因平時廉潔奉公、濟弱救貧，家裏並未留下什麼餘財。李初平死後，其子年幼，周敦頤不僅承擔了李初平的身後事，還經常用自己不多的薪俸接濟李家的孤兒寡母。

皇祐二年（一〇五〇年），周敦頤在郴縣任職已滿四年，改任桂陽縣令。按朝廷慣例，滿三年就應改任，這次超期是朝廷在官員調動上的個例。皇祐四年（一〇五二年），范仲淹病死在前往潁州（治所今安徽阜陽）的途中，周敦頤聞訊後為之痛哭不已。周敦頤雖和范仲淹在鶴林寺只有一面之緣，也無過多思想上的交集，但范仲淹憂國憂民的赤子之心和不媚權貴的高尚情操，一直為他所仿效。

在桂陽任縣令的第三年，周敦頤秉公執法、治學育人的賢名已在朝中傳揚。在朝中諸公的力薦下，周敦頤獲得了大理寺丞的京官頭銜。

至和元年（一〇五四年），三十八歲的周敦頤由桂陽縣令改任南昌知縣。依宋制，以京官頭銜出任知縣的，其官階比縣令略高。

南昌與分寧同屬洪州，因周敦頤在分寧曾「一訊立辨」，南昌的百姓有的為之喜，有的為之懼。善良的百姓喜的是從此有冤可訴，不再擔心受人欺凌。這位周知縣的到來，對於那些尚未犯事卻蠢蠢欲動的人來說，也是極大的震懾。

由於周敦頤到南昌後雷厲風行，一些冤案得以昭雪的同時，與冤案有關的罪犯也得到了應有的懲治，因此得罪了一批權貴和小人。這些人不相信周敦頤真的兩袖清風，就派人暗地裏尋找他的把柄。

這一次，機會終於來了。周敦頤因連日操勞突然病倒在床，周敦頤對馬誠說了一句「速請延之」，然後就不省人事了。沒過多久，前來探望病情的人絡繹不絕，這其中有懷著感念之心前來探望的平民百姓，有出於關心的官員，也有別有用心的人。馬誠一個人守在病榻前，急得團團轉，直到潘興嗣聞訊趕來，馬誠才稍稍鬆了一口氣。

潘興嗣見一群人徑自走到周敦頤的官舍裏翻檢起來，在眾目睽睽之下，凡是能藏匿物品的家什都被他們翻了個遍，直至翻到一個破舊的箱子，才翻出幾百文零錢。在場者目睹了這一過程，歎服之餘，莫不感到羞愧。潘興嗣讓那群探望周敦頤的人將帶來的禮品悉數帶走。

一日一夜之後，周敦頤才從昏迷中甦醒過來。馬誠將此前發生的事告訴周敦頤，周敦頤緊緊握住潘興嗣的手：「知我者，延之也。」

周敦頤在病倒時已預感到有人會帶著禮品過來，一旦收下這些禮品就會落人口實。周敦頤怕馬誠一個人無法處理，才要他請潘興嗣過來。這說明周敦頤相信潘興嗣能將這件事處理好，而潘興嗣也堅信周敦頤為官清廉才沒阻攔那群人。

周敦頤說過的話在馬誠耳畔回響：萬物之所以「造化生生」，莫不以誠為本。後來又在學堂上聽周敦頤向眾人講解，繼而懂得誠乃五常之本、百行之源。跟了周敦頤這麼多年，他在周敦頤身上看到了一個「誠」字，因此在心裏對周敦頤愈加欽佩。

嘉祐元年（一〇五六年），病體初癒的周敦頤以太子中舍，簽書署合州（治所今四川合川）判官，離開南昌前往合州任職。

走的這天，南昌城裏風雪交加。周敦頤和馬誠乘坐的馬車剛出城門不久，馬誠發現車後有一人快馬加鞭追了上來。

騎馬追來的是周敦頤的好友任大中，他是專程趕來為周敦頤送行的。任大中特意寫了一首詩送給周敦頤：

一帆風雪別南昌，路出涪陵莫恨長。
綠水泛蓮天與秀，蜀中何處不聞香。

世有斯人歟

一

從南昌前往合州，路途遙遠，途中要經過龍昌峽。龍昌峽位於沂峽至秭歸之間，周敦頤對其風景之美早有耳聞，此時他來了興致，特地邀請廬陵的蔣概和洪崖的彭德純乘舟而行，同遊龍昌峽。

龍昌峽的景致果然獨具特色。舟行峽中，水道逶迤綿延，如穿越重門。抬頭只見兩岸峭壁聳立，層巒疊嶂，懸棺棧道隱現其間。近處則碧水深潭，飛瀑流轉，甚是壯觀。

至十一月，周敦頤順利抵達合州。

在周敦頤前往合州之前，馬誠受命回到開封去接陸氏。周敦頤到任後，陸氏也到了合州。

嘉祐二年（一〇五七年）正月，周敦頤寫了一篇〈吉州彭推官詩序〉，在評介彭推官的詩作時，將自己從分寧到洪州再到合州任職的經歷作了詳盡的記錄。同年，陸氏的兄弟陸丞在遂寧任職期滿，準備自小溪東歸，回京述職。他沿著涪江而下，順路到合州探望姊姊、姊夫。

周敦頤的長子周壽出生後，四十一歲得子的周敦頤一邊處理諸案文移和駐軍事務，一邊享受著與妻兒在一起的天倫之樂。此外，他還與合州的鄉紳、文人志士和學子們多有交往，日子過得舒適而豐盈。陸丞見姊夫一家其樂融融，大為寬心。

在交談中，陸丞無意間提到遂寧出了一個名叫傅耆的神童。傅耆年僅十四歲，周敦頤想到自己收二程為徒時，二程也正是這般年紀，出於愛才，周敦頤寫了一封信給傅耆。

少年傅耆接到周敦頤的信之後大喜過望。周敦頤此時已名滿天下，傅耆沒想到自己會被這樣一位師長看重，心裏既忐忑又備感興奮，立刻給周敦頤回了一封信，以表達自己的驚喜和仰慕之情：

> 執事以濟眾為懷，神所勞齎，故得高士與施至術，而心朋遠寓名方，豈不盛哉！賤子聞之，弗勝喜蹈。

這封信的意思是說，先生為政處事向來以關愛眾生為念，這是上天的眷顧。像先生這樣的開山祖師擁有博大精深的思想，在蒙受先生的教誨後，許多同道得以名揚四方。像我這樣的無名小輩竟然也能得到先生的垂愛，怎不讓人高興得手之舞之，足之蹈之呢。

第一封信剛發出，傅耆意猶未盡，又寫了一封。這封信表達了傅耆在讀到周敦頤文章後的個人心得，警示自己不要沉溺於世俗的功利，而將聖賢之道棄之不顧。

在接到周敦頤的回信後，傅耆再也按捺不住自己激動的心情，直接來到合州拜周敦頤為師。傅耆在合州當面向周敦頤求教的這段時間，目睹了周敦頤的為官風範，感受到了他的學術魅力。

回到遂寧後，傅耆寫了〈和周茂叔席上酬孟翱太博〉一詩：「……升堂聽高論，唯愁日景促。經義許叩擊，詩章容往復。……」這首詩描述了周敦頤升堂講學時的情形，也表達了自己在受教時的感觸。尤其是對周敦頤自由、開放的教學風格念念不忘。

周敦頤將他解說《周易》中姤卦的文章〈姤說〉寄給傅耆。傅耆讀後，馬上給周敦頤回了一封信。他在信中說道：「蒙示〈姤說〉，意遠而不迂，詞簡而有法，雜之《元結集》中，不知孰為元孰為周也？」傳耆將信寄出後，又將〈姤說〉拿給自己的好友盧次山看。盧次山讀後也大為驚歎，認為周敦頤的文章詞深意密，堪比孟子。

陸丞回京後，周敦頤的夫人陸氏因高齡產子，身體日益虛弱，嚴重時，常深夜從惡夢中驚厥坐起，然後滿頭大汗，她進食愈來愈少，身形也日漸消瘦。周敦頤四處託人為陸氏看病，但陸氏的身體卻每況愈下。陸氏病逝時，周壽不過剛滿周歲。陸氏的去世令周敦頤萬分自責，一想到自己因政務繁忙而長期冷落陸氏，而陸氏卻從無怨言，他就悲悔不已。

這一年，周敦頤的弟子程顥考取進士，他自己也由太子中舍簽書轉升殿中丞，官居五品，仍任合州判官。

二

春節將近，天一亮就有幾隻灰喜鵲在庭前的樹上喳喳喳地叫個不停。

周敦頤一早起來，穿戴好後，他準備去外面走走，正要出門時，卻聽到門外有人在叩擊門環，隨即就聽到「先生，先生」的喊聲，聲音十分洪亮。聽聲音，周敦頤知道是張宗範來了。

張宗範一直視周敦頤為老師，他在嘉陵江東岸的學士山上有一座私家園林，曾與周敦頤共同商討興辦州學之事。周敦頤請張宗範主持學政，廣招學生，而他自己除了親自授學之外，還負責邀請天下名士前來講學，講學的地點就是張宗範的私家園林。張宗範這次來是因為在學士山修建的一座八角亭，特意過來徵求周敦頤的意見。周敦頤提了些建議，還答應他等八角亭修建好之後再去參觀。

張宗範走後不久，馬誠又過來通報，說是夔州（治所今重慶奉節）觀察推官蒲宗孟到了合州，此時已在門外候著。

蒲宗孟乃四川閬州人，字傳正，皇祐五年（一〇五三年）進士及第，比周敦頤小五歲。他對周敦頤仰慕已久，這次正好利用回家省親的機會，來拜見周敦頤。

周敦頤出門相迎，蒲宗孟見來迎接之人頭戴一頂三山帽，褒衣博帶，步履不疾不徐，神色清明，知是周敦頤無疑。

蒲宗孟趕緊趨前施禮：「在下夔州觀察推官蒲宗孟，特來拜見。」

周敦頤見蒲宗孟長相俊朗，氣質儒雅，心生好感。回禮道：「本官有失遠迎，蒲觀察有請。」

這次會見，兩人一見如故，經過面對面的交談之後，蒲宗孟對周敦頤的學識和人品有了更深入的了解。蒲宗孟由衷感歎道：「世有斯人歟！」

一連數日，兩人相談甚歡，幾乎是無話不談。在得知周敦頤的原配陸氏不久前去世後，蒲宗孟立刻想到自己的六妹尚待字閨中。蒲家六妹才貌雙全，眼界甚高，而眼前正好有一位足以匹配六妹的大才子，彷彿上天早已將這段姻緣安排好了似的，想到這裏，蒲宗孟便向周敦頤介紹六妹。周敦頤聽了蒲宗孟的描述，欣然表示同意這樁婚事。

蒲宗孟回到閬中後，如實將拜見周敦頤的情況說與六妹，不料這一次六妹當即點頭應允。家中父母正為女兒的婚事發愁，聽此喜訊，立刻為寶貝女兒張羅嫁妝，只等周敦頤前來迎娶。

嘉祐五年（一〇六〇年），春節剛過，周敦頤便帶著聘禮如約前往閬中。船至蓬州舟口鎮（今四川蓬安）時，當地學子聽聞周敦頤要來，早在江邊碼頭守候。周敦頤的船一靠岸，就受到學子們的熱烈迎接。周敦頤在舟口一連講學三日，他針對學子們的學業程度，對優秀者闡釋天地性質的由來，而對資質平庸者，則從倫理秩序入手，講解為人處世的大義。

回到合州後，蓬州仍有不少學子來到合州向他求教。

蒲氏果然如其兄長所說，不僅端莊秀美，更且善解人意，雖為周敦頤繼室，卻待周敦頤的長子周壽如同己出。在蒲氏的勤勉操持下，周敦頤的家裏繼陸氏後，又重新煥發出新的活力。

周敦頤的父親周輔成的第一任妻子去世後，由周敦頤的舅舅鄭向做媒，迎娶他的母親，如今周敦頤的第一任妻子陸氏去世後，又是妻兄郎舅做媒，娶了蒲氏。周敦頤不禁暗自感歎道：「若非天地之間的造化，人的命運又豈能如此？」

三

合州屬梓州路（治所今四川三台）管轄，梓州路轉運使趙抃是周敦頤的頂頭上司。此人為政善於根據具體情況做出決斷，他的喜怒從不輕易表現出來。在看待人的問題上，他有一個原則：小人犯錯，即使是小錯也絕不放過；君子若有過失，則要盡量保全。

趙抃在前往合州視察之前，聽信了一個人的讒言，誤以為周敦頤只是一個沽名釣譽的小人，因此在合州見到周敦頤之後，僅憑偏見就當面對周敦頤予以訓誡。周敦頤始料未及，心裏明知是小人在背後貶損，也不為自己辯白，反倒處之泰然。

周敦頤還是像往常一樣，政教兩不誤。在政務上，親力親為；在教學上，培養學子上千人。

這天，在張宗範的陪同下，周敦頤如約來到學士山。

已經完工的八角亭位於學士山的山頂，為木質結構的重簷樓閣，亭身呈八邊形，共三層，每層八方各開有一窗。學士山地處嘉、涪、渠三江匯合之處，在亭樓上放眼望去，山林聳峙，群鳥翔集，美不勝收。

周敦頤邊走，邊對張宗範讚歎道：「真是個讀書養心的好地方。」

張宗範聽周敦頤這樣說，心裏一動：「既然先生都說這是個讀書養心的好地方，此亭不如就叫作『養心亭』如何？」

周敦頤含笑點頭：「好，『養心亭』這個名字好。」

得到了周敦頤的肯定後，張宗範心裏大喜，哪裏肯放過機會，趕緊懇求道：「此亭剛建成，還請先生賦文以記，弟子當全文著錄，立碑於亭前。」

周敦頤雖未立即答應張宗範，但還是將此事放在了心上。

在離開合州後沒多久，周敦頤就差人將寫好的〈養心亭說〉送到張宗範手中。張宗範讀後如獲至寶，請合州城最好的工匠將全文刻於石碑之上：

孟子曰：「養心莫善於寡欲。其為人也寡欲，雖有不存焉者，寡矣；其為人也多欲，雖有存焉者，寡矣。」予謂養心不止於寡焉而存耳，蓋寡焉以至於無。無則誠立、明通。誠立，賢也；明通，聖也。是聖賢非性生，必養心而至之。養心之善有大焉如此，存乎其人而已。

張子宗範有行、有文，其居背山而面水。山之麓，構亭甚清淨，予偶至而愛之，因題曰「養心」。既謝，且求說，故書以勉。

在這篇〈養心亭說〉中，首先提出了修養至聖的觀點，周敦頤認為聖人從來就不是天生的，而是得益於後天的修養，從而否定了天縱聖人的思想。其次是將孟子的「寡欲」絕對化，周敦頤認為，修身養性光是寡欲還不夠，最好是達到無欲的境界。「無欲」之說雖為後世所詬病，但周敦頤對欲望的輕視由此可見一斑。

石碑刻好後，張宗範將它立在亭前，一個人久久地佇立於石碑前。他向東望去，藍天白雲下，彷彿看到一代宗師偉岸的身影。

連語日夜

此時的北宋，正處於內憂外患之際。朝廷大興科舉，採取恩蔭制，加上奉行籠絡政策，導致官僚機構日益臃腫，官員多戀貪權勢。在宋初的「養兵」之策和「更戍法」的推動下，已逐漸形成龐大的軍事體系，兵雖多，然不精，不利於對外作戰。軍隊和官員的激增，再加上大興土木，朝廷財政入不敷出。財政上的虧空又迫使朝廷不斷增加賦稅，從而為民眾帶來沉重的負擔。

嘉祐六年（一〇六一年），周敦頤自外放以來第一次進京。還在途中的時候，周敦頤便跟同行的馬誠提到了兩個人：一個是已有二十多年未見、時任提點江東刑獄的王安石，聽說他已在一個月前到了開封；另一個則是自己剛剛進士及第的弟子傅耆。

這次進京，一路上的所見所聞再加上進京後的諸般感受，使周敦頤認識到大宋江山有一股陳腐之氣正在蔓延，不由得憂心忡忡。自范仲淹變法失敗之後，周敦頤更多的是將興國安邦的希望寄託在年輕人身上。

周敦頤述職完後，第一個遇見的人就是王安石。王安石變化很大，若非他一眼認出周敦頤，周敦頤不見得就能確定站在自己跟前的人就是當年的王安石。此時的王安石已有三十九歲，本應是意氣風發的年紀，然卻面色沉鬱，愁眉不展，似有很重的心事。在認出周敦頤時，王安石喊了一聲「茂叔兄」，然後呆呆地站在那裏。直到周敦頤喊出「王刑獄」後，王安石才突然上前一把拽住周敦頤的手：「茂叔兄不必拘泥於官場的稱謂，喚我名字就好。」

王安石將周敦頤帶到自己暫住的館舍，剛一落坐，就將自己目前的處境告訴周敦頤。周敦頤這才知道王安石是被召入京，現任三司度支判官。因此前上萬言書未獲採用，本不願待在京城，又上書時任宰相富弼，只求一優閒之所，卻未能如願，不得已只好留在開封。王安石道：「沒想到今日茂叔兄會來，小弟正有要事討教。」

周敦頤問道：「介甫莫非是心有所憂？」

王安石聞言一驚：「茂叔兄真乃神人也，如何知道小弟心有所憂？」

周敦頤道：「若沒有猜錯，介甫之憂與范大人之憂一樣。」

范仲淹在其〈岳陽樓記〉中有「居廟堂之高則憂其民，處江湖之遠則憂其君」之句。想到這裏，王安石歎道：「茂叔兄如此說，小弟也就不再隱瞞，小弟想效法范大人『先天下之憂而憂』，亦同范大人一樣，有變法強國之心，可嘆位卑權輕，無非是徒有壯志而已。」

周敦頤道：「介甫既有此心，何愁英雄無用武之地，只是時機未到罷了。」

王安石何等睿智，立刻聽出周敦頤這句話既是在安慰他，又是在支持他變法，原本緊蹙的眉頭一下子舒展開來：「茂叔兄可知小弟將如何變法？」

周敦頤道：「看來介甫已胸有成竹，願聞其詳。」

王安石清了清嗓子道：「小弟以為，新法當分為富國之法、強兵之法、取士之法，這三法再行細分……」

周敦頤突然問道：「可有安民之法？」

王安石一頓，馬上點頭道：「有富國之法，自然就有安民之法。」

見周敦頤不語，王安石一邊說，一邊拿起桌上的茶杯、碗、筷子、酒壺，比畫起來。

王安石將他構想中的青苗法、募役法、方田均稅法、農田水利法、市易法、均輸法等與民生息息相關的細則一一道來。

極自信的王安石愈說愈興奮，但周敦頤卻是格外冷靜，他對王安石的變法之志極為讚賞，可也感覺到變法會有隱憂。從王安石所述的新法來看，尚不夠周全，推行起來肯定會有意想不到的難度。再者，變法如同打仗，若是成功，大宋自然會有一番新的氣象，倘若失敗，其後果將不堪設想。但同時他也相信，王安石既然志在變法，就一定有這方面的心理準備。

聊完新法之後，王安石特意提到周敦頤的《太極圖說》和《通書》。尤其是《太極圖說》，王安石竟然能一字不漏地背誦下來。周敦頤這才想起上次潘興嗣去見王安石的事，定然是他將《太極圖說》和《通書》告知王安石的。難怪那天潘興嗣在臨走之前，特意將《太極圖說》和《通書》抄錄了一遍帶在身上。

「茂叔兄的《太極圖說》言宇宙之本源、陰陽五行之演繹、天地萬物之造化，又以天地之道言立人之道。兄之《通書》更是將立人之道悉數道來，小弟受益匪淺。茂叔兄之學說清遠高深，光如日月。」王安石由衷讚歎道。

周敦頤沒想到王安石對自己有如此高的評價，但他能明顯感受到王安石在說這些話時的坦誠，他感動地說：「介甫潛心經學，又胸懷宏圖大志，在下自歎弗如。」

兩人在館舍內連語日夜，如享思想盛宴。這次會面對於王安石而言，意義格外重大，一是王安石對周敦頤的學問和人品有了更深的認知；二是他意識到了新法在安民方面尚有不足，亟待完善；三是周敦頤的學說與他的認知雖有頗多相似之處，但自己卻不如周敦頤的思想深刻。

周敦頤辭別王安石回到住處後，將一張手書的名刺交給馬誠。馬誠一看，名刺上寫著：「從表殿中丞、前合州從事周敦實，專謁賀新恩先輩傅弟，三月十二日手謁。」

馬誠甚是費解，他問道：「傅耆乃先生的弟子，雖新科及第，無論其年齡、學問、資歷皆遠不及先生，先生為何對他這般恭敬？」

周敦頤道：「傅耆是我的弟子，如今他新科及第，正是人生中最得意的時候。作為先生，我更應該提醒他，以後身在官場應時刻不忘禮數，凡事恭謹，才不會行差踏錯。」

馬誠聽了，不由長長地「哦」了一聲，這才拿著名刺去見傅耆。馬誠剛出門，傅耆便不請自來。

師徒自合州初見後，再次相見已時隔五年。這一次，周敦頤未跟傅耆談論學問，而是細述自己多年為官的心得與體會。

這次進京述職，周敦頤升遷至國子監博士，以國子監博士的頭銜通判虔州。

今日乃知周茂叔

在前往虔州的路上，周敦頤見馬誠無暇欣賞沿途的美景，總是一副無精打采的樣子，以為他有什麼心事。直到快進入虔州的時候，馬誠突然問道：「先生這次去虔州，難道一點也不擔憂？」

馬誠這一問，頓時將周敦頤給問住了：「有何擔憂？」

馬誠道：「先生難道不知道趙抃也到了虔州？」

周敦頤當然知道趙抃現在是虔州的知州，也是他這個新上任通判的頂頭上司。想到自己在合州時，趙抃曾不分青紅皂白地訓誡過他，周敦頤立刻反應過來：「原來你是擔憂這位虔州知州會為難我。」

「先生真的不擔憂？」馬誠神色緊張地望著周敦頤。

周敦頤哈哈大笑，反問道：「趙知州若真要為難我，擔憂又有何用？」

虔州是個管轄十縣的大郡，周敦頤以前管轄的區域自然不能與之相提並論。主僕二人在前，家眷在後，一進入虔州，城內繁華的商業氣息即撲面而來。虔州的大街上人頭攢動，店鋪林立，商品令人眼花繚亂。

馬誠趕著馬車緩緩而行。周敦頤掀開車帷往大街上望探望，然後又端坐車內，閉目養神。

馬車快行至虔州州府門口時突然停了下來，周敦頤的身子隨之劇烈一晃，他睜開眼，問道：「何故停車？」

「先生，前面有輛馬車擋在路中央。」馬誠答道。

「讓他們先過去。」周敦頤道。

「先生，不能讓，我看對方是故意擋在中間的。」馬誠的語氣裏有幾分不滿。

周敦頤掀開車，見對面的馬車絲毫沒有讓開的意思，只好下車。誰知對面車上也下來一人，周敦頤定睛一看，竟然是趙抃。馬誠也一眼認出了趙抃，一顆心頓時揪了起來，他不知這個趙抃又將如何為難周敦頤。

正當馬誠感到極為不安的時候，趙抃一臉和善迎了上來，沒等周敦頤回過神來就一把拉住他的手：「本官從前行事魯莽，還望周茂叔見諒。」

原來，趙抃接到公文，得知周敦頤要來虔州任通判，暗中對周敦頤作了一番詳盡的調查。結果發現周敦頤每到一處都盡職盡責，不僅為官清正，在教學育人上也極有辦法，深得當地百姓的愛戴。趙抃這才悔悟當初不該聽信小人的讒言，差點錯怪了一位德才兼備的好官。

周敦頤沒想到趙抃會親自前來迎接，還當面向他道歉，心裏反倒有點過意不去：「知州大人言重了，下官愧不敢當。」

趙抃哈哈一笑：「茂叔乃真君子，本官這次來，還請茂叔賞臉到府上喝一杯，算是賠罪。」

不容周敦頤推辭，趙抃就將他拉上自己的馬車。

「發生了何事？」蒲氏從後面的那輛車裏探出頭來。

馬誠趕緊回道：「夫人，剛才趙知州請先生去他的府上論事，要小的護送夫人和公子先回官署。」

趙抃將周敦頤請到府中後，兩人開懷暢飲，相談甚歡。事後，趙抃還特意為此寫了一首〈次韻周茂叔國博見贈〉。收到趙抃的贈詩後，周敦頤感動於趙抃將兩人從初識到相知的過程坦誠道來，字裏行間又盡顯大家風範，從此他將趙抃視為知己。在兩人的共同治理下，虔州也開啟了「歲豐無盜，獄冷無冤」的太平模式。政務之餘，兩人或講學於清溪書院，或結伴尋山訪水，詩詞唱和，關係甚是親密。

一次，二人同遊虔州名勝馬祖山，盡興而歸之後，趙抃以「同周敦頤國博遊馬祖山」為題，又賦詩一首相贈。周敦頤收贈詩時，正值次子周燾出生。他在家中一邊哄著襁褓中的周燾，一邊一遍又一遍地誦讀這首詩。正在坐月子的蒲氏見此情形，不由感歎道：「有上司如趙抃者，世上僅此一人。」周敦頤連連點頭，認為夫人說得在理。

兩年後，趙抃被召回京城。周敦頤攜家人一直將趙抃送至虔州邊界的萬安鎮香城寺。周敦頤為此寫下了〈香林別趙清獻〉一詩：

公暇頻陪塵外遊，朝天仍得送行舟。
軒車更共入山腳，旌旆且從留渡頭。
精舍泉聲清㴋㴋，高林雲色淡悠悠。
談終道奧愁言去，明日瞻思上郡樓。

趙抃調離後，虔州知州的位置一時空缺，周敦頤只好以通判之名負責全州的政務。收到周敦頤寄來的詩時，已身在京城的趙抃顧不得諸事繁雜，舉著詩稿一路快跑，直奔自己的書房，然後揮毫寫下：

顧我入趨朝闕去，煩君出餞贛江頭。
更逢蕭寺千山好，不惜蘭船一日留。
清極到來無俗語，道通何處有離憂。
分攜豈用驚南北，水闊風高萬木秋。

趙抃的深情酬唱由快馬送至虔州，周敦頤讀後感動得淚流滿面。他和趙抃，兩個惺惺相惜之人，一個南留，一個北去，從此天各一方。

〈愛蓮說〉

嘉祐八年（一〇六三年）農曆三月，宋仁宗駕崩。四月初一，曹皇后公佈遺詔，宋英宗即位。周敦頤升任虞部員外郎，仍通判虔州。周敦頤的父親周輔成則被追封為父爵郎中，五月，周敦頤的長子周壽也受恩蔭為太廟齋郎。

這天，雩都縣令沈希顏登門拜見，馬誠以為他也是前來道賀的，頗感為難：「沈縣令，我家先生特地吩咐在下，凡是前來道賀者，一律不見。沈縣令還是請回吧。」

沈希顏聽了，雙手一攤：「你看本官這個樣子，像是前來道賀的嗎？」

馬誠見沈希顏兩手空空，的確不像是來道賀的，但他還是有點不放心：「沈縣令既然非為道賀而來，可有其他要事？」

沈希顏道：「本官知道周通判政務繁忙，若無要事，也不便前來叨擾。」

馬誠聽沈希顏這樣一說，立刻進去通報。

周敦頤聽說是雩都的沈希顏，馬上想到正月初七的羅田巖之行。周敦頤在縣令沈希顏、餘杭錢拓等人的陪同下，乘興而遊，他還寫過一首〈同友人遊羅巖〉的七言絕句：

聞有山巖即去尋，亦躋雲外入松陰。

雖然未是洞中境，且異人間名利心。

之後，沈希顏隆重邀請周敦頤在雩都講學。當時周敦頤因政務上脫不開身，並未答應，事後心裏還有點過意不去。

今周敦頤沒有想到的是，沈希顏在羅田巖善山修建的一座濂溪閣書院已經完工，還在山頂修了一座高山仰止亭。沈希顏特意登門拜訪，除了請周敦頤前去講學之外，還有另外一個請求，他想請周敦頤為剛剛落成的濂溪閣撰文。

面對沈希顏的一片誠意，周敦頤這次欣然答應。送走沈希顏之後，周敦頤原本想根據沈希顏的請求以濂溪閣為題撰文，再仔細一想，又覺得無法完好地表達自己此時的心境，思來想去，他決定以蓮為抒寫對象。周敦頤從小愛蓮，從樓田村到衡州（今湖南衡陽），再從鶴林寺到江西，所到之處無不有蓮相伴，蓮已成為周敦頤生命中無法割捨的一部份。

虔州的蓮花正是碧葉疊舉、含苞待放的時候。周敦頤由蓮及人，一揮而就，寫下了天下聞名的〈愛蓮說〉：

> 水陸草木之花，可愛者甚蕃。晉陶淵明獨愛菊。自李唐來，世人甚愛牡丹。予獨愛蓮之出淤泥而不染，濯清漣而不妖，中通外直，不蔓不枝，香遠益清，亭亭淨植，可遠觀而不可褻玩焉。
>
> 予謂菊，花之隱逸者也；牡丹，花之富貴者也；蓮，花之君子者也。噫！菊之愛，陶後鮮有聞；蓮之愛，同予者何人？牡丹之愛，宜乎眾矣！

〈愛蓮說〉全文不過百餘字，以蓮之稟性比喻高潔的人格，字字有靈，恰如蓮之綻放，光彩照人。

沈希顏收到〈愛蓮說〉後欣喜若狂，五月十七日，沈希顏請來好友錢拓、王摶，將自己親手抄寫的〈愛蓮說〉交給二人，由王摶篆額，錢拓將文章臨寫於摩巖石上，再由工匠刻石。濂溪閣前自從有了這塊石碑後，眾人爭相傳誦。

英宗治平元年（一〇六四年）冬，虔州突發大火，上千民房毀於一旦。火災發生時，周敦頤正在下面的屬縣巡查，得此消息後，一刻也未停留，等他連夜趕回虔州時，大火已經撲滅。此次事故他雖不在虔州，但因身為虔州的主政官員，自難免責。趙抃聞訊後，與朝中一些了解周敦頤的官員如韓魏公、曾魯公等一起向朝廷力保，周敦頤才免於革職，只是移調永州，仍為通判。

這是周敦頤為官生涯中發生的唯一一次事故，有很長一段時間，周敦頤都沉浸在自責中，對自己的仕途也有點心灰意冷。

寄鄉關故舊

一

周敦頤一家剛到永州，他的姪兒周仲章就從樓田村趕到了州衙。周仲章是周敦頤同父異母的哥哥周礪所生，他帶來了家鄉父老對周敦頤的問候，同時也替人傳達了想透過周敦頤謀個一官半職的想法。

周敦頤留周仲章在家裏住下後，深感自己所擔心的事即將發生，稍微處理不好，就會陷入兩難的境地。周敦頤決定給家鄉的父老寫一封信，信中有言「來春歸鄉拜侍」，並隨信附上一首〈任所寄鄉關故舊〉：

老子生來骨性寒，宦情不改舊儒酸。
停杯厭飲香醪味，舉箸常餐淡菜盤。
事冗不知筋力倦，官清贏得夢魂安。
故人欲問吾何況，為道春陵只一般。

這首〈任所寄鄉關故舊〉是周敦頤特意提醒家鄉父老，他將自己的稟性和為官的準則在詩中寫得十分清楚，目的是為了打消家鄉人想藉由他謀求私利的念頭。周敦頤將信和詩一併封好，交由周仲章帶回。

治平四年（一〇六七年）三月一日，周敦頤如約攜周壽、周燾歸春陵掃墓。去之前，周敦頤特意將一則事先擬好的官府移文交給馬誠，讓他隨身攜帶。

時隔三十多年後，周敦頤回到了自己的出生地樓田村。此時正是春耕時節，樓田村裏一片忙碌的景象。

樓田村的變化並不大，周家老宅仍完好無損，濂溪依舊流淌不息，往事皆歷歷在目。最令周敦頤感歎的是周興，這位兒時常常護他周全的玩伴雖比他大不了幾歲，卻已滿頭銀絲，好在身子骨還算硬朗。周興在見到周敦頤的那一刻，止不住老淚縱橫。周敦頤讓馬誠拿出官府移文遞到周興跟前，他將十餘畝田地悉數移交給周興，作為周興常年看守周父墓地的酬勞。

此次故鄉之行，周敦頤寫下了〈書春陵門扉〉一詩：

有風還自掩，無事晝常關。
開闔從方便，乾坤在此間。

很顯然，周敦頤的自信來自於詩書的教化，也來自於大自然的啟示。

樓田之行對周敦頤而言自然是不同尋常的，此時已年過五旬的周敦頤其實已做好了不再回來的打算。

二

周敦頤到永州的第二年，宋神宗即位，改治平五年（一〇六八年）為熙寧元年。周敦頤被加封為尚書駕部員外郎，雖然他有了新的京官頭銜，但實際官職卻並未提高。

這天，周敦頤給姪兒周仲章寫了一封信：「遞中得知先公加晉官階，贈諫議大夫，家門幸事，汝可具酒果香茶詣墓前，告聞先公。」

信封好後，周敦頤將信交給馬誠，要他發往道州。周敦頤見馬誠欲言又止，便問道：「是否有事隱瞞？」

馬誠心裏一慌，回道：「小的只是聽到了一些不利於先生的言論。」

周敦頤問道：「有何言論只管說來，不需要隱瞞。」

馬誠為難地說：「先生不必放在心上。小的聽到有官員在私下裏議論，說先生嫉賢妒能，對身邊的聰明人視而不見，反倒中衷於提拔那些笨拙的人。」

周敦頤淡淡地說了聲「知道了」，然後埋首於自己的公務，馬誠只好拿著信退了出來。

第二天一早，周敦頤將連夜寫好的一篇文章懸掛於通判廳前。這篇文章題為〈拙賦〉，全文如下：

或謂予曰：「人謂子拙？」予曰：「巧，竊所恥也，且患世多巧也。」喜而賦之曰：「巧者言，拙者默；巧者勞，拙者逸；巧者賊，拙者德；巧者凶，拙者吉。嗚呼！天下拙，刑政徹。上安下順，風清弊絕。」

文章掛好後，出入通判廳的各級官員和小吏都忍不住駐足觀看。

過了一段時日，馬誠主動跑來告訴周敦頤：「自從先生將這篇〈拙賦〉掛出去後，下面再也無人說先生的壞話了。非但如此，他們還對先生的這篇文章讚不絕口。」

周敦頤問道：「你可知為何？」

馬誠想了想道：「那些慣於投機取巧的人，讀了先生的文章當反躬自省。而那些看似笨拙實則誠實的人讀了，則會對先生心存感激。」

周敦頤又問：「為何誠實之人會心存感激？」

馬誠脫口而出：「先生素來待人以誠，誠實之人定然視先生為知己。先生提拔那些誠實之人，是因為他們默默的付出得到了先生的肯定，他們又怎會不感激先生呢？」

誨諸生如親子弟

邵州的官員們和部份百姓在城門口翹首以待，迎接代理知州周敦頤的到來。在永州任職兩年後，周敦頤的官銜又發生了變化，其全稱為「朝奉郎尚書駕部員外郎、通判永州軍州兼管內勸農事、權發遣邵州軍州事上騎都尉賜緋魚袋」。這個官銜由京官頭銜、實職和代理職務組成。唐時，五品以上官員按等級在官服上佩金、銀、銅魚袋，翰林學士因為沒有品階不能佩戴。神宗皇帝改制，翰林學士改為正員官，讓文官虛職也可佩戴魚袋。

因路途顛簸，周敦頤一行臨近中午的時候才出現在邵州的城門口。在未到邵州之前，周敦頤對邵州的情況多少有些了解。他知道邵州位於資江上游，資江自西南向東北流貫全境，雪峰山聳峙於西北，中間為丘陵盆地，東與衡州為鄰，邵州人則淳樸好客，性情也大多剛烈，只是不知教化如何。

在眾人的簇擁之下，周敦頤直奔州衙。剛一落坐，周敦頤就問道：「邵州的州學建在何處？」

眾官員面面相覷，有的交頭接耳，有的欲言又止，一個個神色慌亂。他們沒想到這位新來的代理知州一開口不先問政事，而是提州學之事，自然是始料不及。

「難道邵州沒有州學？」周敦頤又問，神情變得嚴肅。

「就在州衙附近。」其中一個官員站出來答道。

「可否帶本官前去看看？」周敦頤掃了眾人一眼。

「周知州遠途勞頓……何不改日……」

「就今日吧。」周敦頤說完，當即起身。

眾官員無奈，道聲「周知州請」，有的在前面引路，其他則跟在後面。

邵州的州學位於州衙的左側，一會兒的工夫就到了。周敦頤從未見過這樣的州學，只見州學的兩邊是監獄和倉庫，因地勢低窪，陰暗潮濕，不僅過道狹窄，氣味難聞，而且從倉庫和監獄裏還不斷有喧鬧聲傳來。

「州學的學官何在？」周敦頤皺著眉頭問道。

「回稟知州，本州……本州衙並未設學官一職。」一個官員戰戰兢兢地答道。

周敦頤總算明白了，邵州的州學只是名義上有，實則如同虛設。其實從這些官員的神情中，他早已猜到了八九分，只是沒想到比自己想像的還要糟糕。

這次視察州學，周敦頤沒有責備任何人，他一路想的是如何儘快將邵州的州學建立起來。

沒過多久，周敦頤就在城外邵水河以東找到一片開闊地，這裏很快成為他建立州學的最佳之地。考慮到州衙當時的財政狀況，周敦頤廣泛發動民眾並得到積極回應，鄉紳名流捐款捐物，平民百姓投工投勞。州學建成後，環境安靜幽雅，室內寬敞明亮，教學設施齊備，較之以前的州學，實有天壤之別。

神宗熙寧元年（一〇六八年）正月三日是遷新州學之日，周敦頤特意率州衙官員、文人學子、社會賢達及邵州百姓舉行「釋菜禮」。所有參加的人員均不著華服，將瓜果菜蔬擺上香案，以祭拜先聖孔子。祭拜現場，周敦頤親自撰寫並朗讀對後世影響深遠的〈邵州遷學釋菜文〉和〈告先師文〉。如此隆重而又簡約的遷學儀式震動了整個邵州。

周敦頤不僅親自教學，還邀請周邊其他州縣的博學之士前來講學，邵州頓時掀起一股尚學之風。周敦頤還派人在邵州州衙東北隅開挖水池種蓮，水池取名「愛蓮池」，池中建有拱橋，橋上修有小亭，名為「愛蓮亭」（後改為「君子亭」）。周敦頤經常帶著學子們到此遊覽，為他們講君子之道，有人因此感慨道：「周知州教這些學子就像教自己的親生兒子一樣。」

在繁忙的政務和教學之餘，周敦頤對《周易》的研讀更為精進。他得知自己的弟子傅耆任嘉州平羌縣的知縣後，將幾番改定的〈同人說〉再一次寄給他。傅耆讀後立即回信道：「蒙寄貺〈同人說〉，徐展熟讀，較以舊本，改易數字，皆人意所不到處，宜乎使人宗師仰慕之不暇也。」「同人」為《周易》六十四卦之第十三卦，與他在合州寄給傅耆的〈姤說〉一樣，二者都是對《周易》中卦象的解說。

接到傅耆回信的這一天，愛蓮池裏的蓮花開得正盛。周敦頤身穿便服坐在亭中，手裏拿著傅耆的回信，嘴角不時露出微笑，一副怡然自得的模樣。自周敦頤到邵州以來，馬誠還是第一次看到他這樣開心、自在。

這一年，經趙抃和呂公著聯名向朝廷舉薦，周敦頤被任命為廣南東路轉運判官。呂公著居宰相高位，與周敦頤素無往來，此舉完全出於信任和責任。巧的是，呂公著的推薦狀被任集賢校理的蒲宗孟看到，當即全文抄錄下來，寄給了周敦頤。

呂公著的推薦狀別具一格：

臣伏見尚書駕部員外郎、通判永州軍事周敦頤，操行清修，才術通敏，凡所臨蒞，皆有治聲。臣今保舉，堪充刑獄、錢穀繁難任使。如蒙朝廷擢用，後犯正入己贓，臣甘當同罪。其人與臣不是親戚，謹具狀奏聞，伏候敕旨。

周敦頤讀後甚是感激，在給呂公著的謝啟中道：「在薄宦有四方之遊，於高賢無一日之雅……」以感謝呂公著對他的舉薦。

熙寧元年（一〇六八年），周敦頤由代理知州升任為廣南東路轉運判官。路是宋代最高的地方行政機構，路設安撫使，轉運判官是安撫使的屬員，負責轉輸漕運事宜。

一個胸懷宇宙的人，在一個凡俗而又現實的世界裏篤行苦修。眼看著在自己的治理下，邵州面貌煥然一新，而自己的兩個兒子周壽和周燾也一天天長大，周敦頤甚感欣慰。

不憚勞瘁

一

熙寧二年（一〇六九年），宋神宗任命王安石任參知政事，次年拜相，如願以償主持新法。眼看大宋即將開啟新的篇章，周敦頤在感到心潮澎湃的同時亦有擔憂。

結果確如周敦頤所料，王安石的新法剛實施就遇到了阻力。新法的支持者呂惠卿、章惇、曾布、蔡卞、呂嘉問、蔡京、李定、鄧綰、薛向等人只認死法，在新法推行中又過於急進，其中有些人甚至在人品上有缺陷，導致民怨紛起。而以司馬光為首的保守派人才濟濟，如韓維、文彥博、歐陽修、富弼、韓琦、范鎮、蘇軾等，包括周敦頤的弟子程顥在內，都站在保守派這邊。兩派之爭其本質並非權力之爭，而是對政策的爭議，是對如何改革的爭議。保守派對新法在實施過程中出現的問題甚為不滿，新法雖有成效，卻舉步維艱。周敦頤作為一名地方官員，即使有意傾向新法，也是愛莫能助。

熙寧三年（一〇七〇年），已五十四歲的周敦頤以虞部郎中任廣南東路提點刑獄，這是他一生仕途的頂峰。

上任沒多久，周敦頤就偶有胸悶、腹脹之感，然而由於公務繁忙，周敦頤並未當一回事。

這天，周敦頤巡行到了端州（今廣東肇慶）。端州境內盛產端溪石，因用端溪石製作的硯池「發墨不損毫」，書寫流利生輝而聲名遠揚，尤為文人雅士所珍愛。

經周敦頤派人明察暗訪，得知知縣杜咨利用職務之便，染指端溪石已經多年，人送綽號「杜萬石」。其他官員競相仿效，當地百姓怨聲載道。

為了接待好周敦頤，杜咨特意在端州最有名的酒樓大擺宴席，命端州的大小官員作陪，席間還安排了歌舞助興。周敦頤何曾見過這等場面，心想這個杜咨果然不簡單。

眾人在席間剛一落坐，周敦頤便當著眾人的面詢問杜咨：「本官聽聞端州盛產端溪石，杜知縣可否介紹一二？」

杜咨見周敦頤一開口就提端溪石，心裏暗自歡喜，當即拱手道：「周虞部果然是見多識廣！端州地處荒野，唯有這端溪石製成的硯臺甚是好使，尤其是周虞部，理當配備上等好硯才是。」說完，杜咨使了個眼色，手下立刻拿來兩方硯臺。

周敦頤仔細一看，兩方硯臺各雕有一龍一鳳，光從雕刻的線條來看，就知其堅實細潤，果然是硯臺中的上品。

杜咨在一旁不無得意地看著周敦頤，見周敦頤的目光像是被兩方硯臺給吸引住了，不禁喜形於色：「這兩方硯臺是下官特意為周虞部準備的，還望笑納。」

周敦頤從座位上站起來，看了看滿桌的菜肴和神色各異的官員，低聲道：「杜知縣如此鋪張宴請本官，還送本官此等重禮，是何用意？」

杜咨未料到周敦頤突然會如此直接，一時有點慌亂：「周虞部，下官若是招待不周，還請海涵。」

周敦頤道：「杜知縣如此招待，本官無福消受。杜知縣既然不肯跟本官說實話，本官只好告辭，還請杜知縣自重。」

周敦頤說完，起身就走。

杜咨心裏一慌：「周虞部請留步……」

周敦頤徑自向門外走去。杜咨追到酒樓門口，見周敦頤頭也不回，急得頓足捶胸，為自己剛才的弄巧成拙懊悔不已。

其實杜咨對周敦頤為官的清廉早有耳聞，之所以如此安排，是想驗證一下傳聞是否屬實。若是周敦頤接受了禮物，他便可以更加肆無忌憚，為所欲為。但令他沒想到的是，這位周大人洞若觀火，雖未當眾揭穿他，言語之間卻是充滿了警告的意味。

如此一來，杜杏自然收斂了許多，端州的其他官員也是戰戰兢兢，見杜杏都有所顧忌，一時都不敢輕舉妄動。

「先生，這杜杏所為實在可惡，先生如何處置？」馬誠見周敦頤遲遲沒有採取行動，忍不住問道。

周敦頤想了想道：「端溪石牽連甚廣，本官若是參劾此人，只怕法難責眾。」

馬誠一聽急了：「先生總不會放任不管吧？」

周敦頤沒有作聲，而是陷入沉思，他想到二十年前，素以鎮貪治腐出名的包拯曾任端州知府。在包拯離任時，將別人送給手下的端硯怒沉江底，可到頭來仍舊未能治理好端溪石的腐敗。究其原因，並非包拯不夠盡心盡力，而是沒有從根本上解決問題。

馬誠沒有多問，他知道以周敦頤的稟性，自然不會對此事置之不理，周敦頤之所以遲遲不做決定，一定是還沒有想出更穩妥的法子。

當天晚上，周敦頤奮筆疾書，將端州的情況一五一十上書朝廷，尤其是關於端溪石的開採。周敦頤除了說明其中的利害關係，還提出了自己的解決辦法，請求朝廷頒發禁令。

沒過多久，朝廷的禁令就到了端州，禁令明確規定：「凡仕端者，取硯石不得過二枚。」此禁令一出，端州百姓拍手叫好。連官員自己使用都不能超過兩枚，若想從中牟利就更不允許。杜咨等官員從此再也不敢打端溪石的主意，貪風頓息。

周敦頤任提點刑獄不到一年，踏遍了廣東的十四個州。當時的廣東被稱為「荒涯絕島」、「瘴癘之鄉」，環境十分惡劣，外地人來此生活極不適應，周敦頤也因此大病一場，並從此落下病根。

二

周敦頤剛喝完蒲氏為他熬的湯藥，正準備躺下休息一會兒。

馬誠手裏拿著一封信函，十萬火急地從外面跑了進來：「先生，鶴林寺的方丈託人捎來一封信函。」周敦頤起身，接過馬誠手中的信函。

馬誠心想，他和先生離開鶴林寺這麼多年，先生和鶴林寺的方丈早就斷了聯繫，怎麼突然會有信函來，看來一定有極為緊要的事。他見周敦頤看完信函後，臉色變得凝重起來。

馬誠輕聲問道：「先生，鶴林寺出什麼事了？」

周敦頤目光發直，沒有吭聲。蒲氏心細，問道：「官人，是否與母親的墓地有關？」

周敦頤這才點了點頭，緩緩說道：「方丈在信中說，前幾日大雨，山洪爆發。因母親的墓地地勢低窪，怕是已被洪水沖了……」

蒲氏聽了，心裏一慌：「這該如何是好？」

周敦頤想了想道：「還是遷往廬山為妥。」

馬誠忍不住道：「此事非同小可，先生病體未癒，恐怕還得從長計議。」

周敦頤捶了捶胸口道：「此事不能等，得儘快想辦法才是。」

蒲氏柔聲道：「官人，母親的墓地遷移不急在一時，還是等官人的病好了再說吧。」

周敦頤道：「夫人所言甚是，此事容我再好好想想。」

周敦頤不再堅持，他也知道蒲氏是因為擔心他的病情才這樣勸他。但在接下來的日子裏，周敦頤總是感覺心裏極不踏實。

挨過夏天後，周敦頤以病情為由上書朝廷，請調南康（治所今江西星子）知州，朝廷批准了他的請求。

熙寧四年（一〇七一年），周敦頤第四次進入江西，抵達南康。而他之所以請調南康，是因為南康離潤州很近，便於母親墓地的遷移，也為自己的歸隱提前做好準備。這一年，周敦頤將母親從潤州移葬至九江德化，也就是濂溪書堂的附近。周敦頤請好友潘興嗣為母親撰寫墓誌銘，刻於墓碑之上。

到了冬天，周敦頤再次上書朝廷請求辭去職務，獲准。至此，他三十一年的仕途生涯結束了。

隱歸廬山

一

熙寧五年（一〇七二年），周敦頤攜全家離開官署，回到廬山的濂溪書堂。周敦頤深受江西百姓的愛戴，在他辭官後，前來廬山求學和遊玩的人聞風而至，都是衝著周敦頤來的。蓮花峰下，從此多了一位傳道講學的高人，也多了一個「觀天地生物氣象」的隱士。

「遁去山林，以全吾志」，這是周敦頤早已萌生的心願，如今心願達成，自然心曠神怡，病體也大有好轉。

這天，馬誠陪著周敦頤前往廬山山南的歸宗寺。歸宗寺的佛印禪師是周敦頤的老朋友，兩人常在一起談經論道。歸宗寺的東側有一條名叫鸞溪的小溪，與山北的濂溪遙相呼應。溪上有座鸞溪橋，橋的兩頭古松參天、翠竹如蓋。周敦頤每次去歸宗寺，都要沿著一條幽靜的石徑上山，經過這座橋之後，歸宗寺就沒有多遠了。

當主僕二人快走到鸞溪橋時，只見橋頭立著一位身著僧袍的中年男子，馬誠眼尖，一眼認出那人就是佛印禪師。佛印禪師一手背在身後，一手撫著自己的長鬚，不時仰頭望向天空。

「佛印禪師好雅興。」周敦頤對著佛印施了一禮。

佛印轉過身來，雙手合十道：「周施主來啦，佛印已在此靜候多時。」

馬誠甚是疑惑，問道：「佛印禪師怎知我家先生此時會來？」

佛印答道：「不過是隨心而知，隨心而動。」

周敦頤微微一笑道：「周某今日前來，特來請教禪師。《中庸》有云：『天命之謂性，率性之謂道。』請問大師，佛門何謂『無心即道』？」

佛印道：「疑者別參。」

周敦頤又道：「參者定當不疑。」

佛印指著橋頭的一棵古松：「滿目青松一任看。」

周敦頤想了想，佛印所言與當年自己教二程時所言「與自家意思一般」甚為相通，不禁點了點頭道：「多謝禪師。周某忽得一詩，贈予禪師：

昔本不迷今不悟，心融境會豁幽潛。
草深窗外松當道，盡日令人看不厭。

佛印聽後連稱「好詩」，三人遂上歸宗寺飲茶，聊至日落才散去。

回程路上，馬誠迫不及待地問道：「先生今日與佛印禪師所言，我可是一句也沒聽懂。」

周敦頤反問道：「天地有心嗎？」

馬誠答道：「無心。」

周敦頤道：「天地無心，卻自成大道。」

馬誠「哦」了一聲，像是突然明白過來：「先生所問的『無心即道』，原來指的是天地之道。」

馬誠見周敦頤沒有及時回應，又問道：「佛印禪師所言的『隨心而知，隨心而動』又作何解？」

周敦頤答道：「有心之無心也。人皆有心，人亦有道，是謂人道。若人道與天道合，當修有心為無心。」

馬誠這下終於明白了，心裏一高興，連腳步也變得輕盈了許多。

周敦頤回到濂溪書堂後，詩興不減，揮筆寫下〈題濂溪書堂詩〉，他叫馬誠裝裱好後，掛在書堂的牆上。馬誠一邊裝裱，一邊在心裏默唸。

當唸到「飽暖大富貴，康寧無價金。吾樂蓋易足，名『濂』朝暮箴」時，往事湧上心頭。馬誠跟隨周敦頤這麼多年，他知道周敦頤淡泊名利，既不求官場顯達，也不戀富貴榮華，只是對大自然情有獨鍾。一個人至真至誠若此，怎不叫人歎服。

二

在成都任上的趙抃得知周敦頤已辭官回到廬山，覺得甚是可惜，想到朝廷正是用人之際，再次上書舉薦。

濂溪書堂前，周壽、周燾栽種的小松樹已與他們一般高了。自立夏以來，周敦頤偶爾會感到身體有所不適，但他並未放在心上，依舊跟往常一樣，熱中於講學、訪友、問道，寄情山水。

一天下午，馬誠陪周敦頤從蓮花峰上下來，走到濂溪邊時，周敦頤打了一個趔趄，若不是馬誠及時攙扶，差點就跌倒在地。馬誠以為先生只是爬山爬累了，便讓他坐在溪邊的一棵大樹下歇息。周敦頤剛坐下不久，就感覺胸口像被什麼堵住，十分難受。馬誠見周敦頤臉色蒼白，額頭直冒冷汗，不像是勞累所致，便問道：「先生是不是病了？」周敦頤正要開口應答，突然對著濂溪噴出一口鮮血。

驚慌失措的馬誠立刻將周敦頤背回書堂，周敦頤已昏迷不醒。馬誠快馬加鞭，連夜趕往豫章去找潘興嗣。潘興嗣請來江西最好的大夫為周敦頤診治。

大夫搖了搖頭：「周先生患有舊疾，因多年來未曾根治，陰邪之氣入骨，而陽氣損耗殆盡，以致諸病併發，恕在下無能為力。」

大夫話音剛落，蒲氏已哭成淚人兒，守在一旁的周壽和周燾也已泣不成聲。

馬誠「撲通」一聲跪倒在大夫跟前，說：「大夫，我求求您，一定要想辦法救救我家先生！」

大夫重重地歎了一口氣：「不是在下不救，實在是想不出別的辦法……依在下看，還是為先生準備好後事吧。」

熙寧六年（一〇七三年）六月七日，周敦頤病逝九江，享年五十七歲。就在周敦頤去世後的第三天，周氏兄弟接到了朝廷任命周敦頤的文書。

十一月二十一日，長子周壽遵照父親遺命，將他葬於鄭氏墓地的左側。下葬當日，細雨霏霏，如訴如泣，送葬的隊伍中，除了周敦頤生前的親朋好友，還有江西及其他州縣的眾學子和百姓，他們冒雨趕來，只為送周敦頤最後一程。

廬山伸出雙臂，將一代宗師的英靈永久地攬在懷中。濂溪書堂則一如往常，細數山中日月。周敦頤生前無數次用腳步丈量過的蓮花峰下，山風在翻動樹葉，一隻孤雁飛過天空，發出一聲長唳。濂溪日夜不息地流淌，宛若吟唱的溪水聲清亮而又悠遠……

周敦頤生平簡表

一〇一三年（宋真宗大中祥符六年）

《冊府元龜》成書。

丹麥國王「八字鬍斯文」率軍擊敗英格蘭國王埃塞爾雷德二世，自稱英格蘭國王，開創了丹麥王朝。

一〇一六年（大中祥符九年）

藤原道長任太政大臣，攝關政治迎向全盛。

一〇一七年（宋真宗天禧元年）

五月初五，周敦頤出生於道州營道樓田村。

一〇一九年（天禧三年）

契丹與高麗議和，結束持續二十六年的高麗契丹戰爭。

契丹女真族海盜入侵日本北九州，日本稱為刀伊入寇。

一〇二二年（乾興元年）

宋仁宗趙禎繼位，劉太后垂簾聽政。

一〇二三年（仁宗天聖元年）

北宋政府發行世界上第一種由政府發行的紙幣：交子。

寇準卒。

一〇三三年（明道二年）

宋仁宗親政。

一〇二一年（天禧五年）

周敦頤辨五星墩，分配五行。

一〇三一年（宋仁宗天聖九年）

周敦頤的父親周輔成去世，舅父鄭向命盧敦文將鄭氏母子接到京師。

一〇三六年（景祐三年）

野利仁榮製西夏國文字十二卷。

一〇三七年（景祐四年）

宋朝發佈科舉應試用的《禮部韻略》。

圖赫里勒．貝格在內沙布爾建立塞爾柱土耳其帝國。

基輔大公智者雅羅斯拉夫開始興建聖索菲亞主教座堂。

一〇三八年（景祐五年）

党項族首領李元昊脫宋自立，國號大夏，自稱西夏皇帝。

一〇四一年（康定二年）

好水川之戰，宋朝再度敗於西夏，宋仁宗聞知後震怒，貶韓琦、范仲淹。

喀喇汗國分裂為東喀喇汗國與西喀喇汗國兩部分。

一〇三六年（景祐三年）

鄭向將朝廷封蔭子嗣的機會給了周敦頤，被錄用為試用將作監主簿。周敦頤行冠禮後，迎娶陸氏（職方郎中陸參之女）為妻。

一〇三七年（景祐四年）

七月十六日，周母鄭氏病逝。周敦頤遵遺命葬母於潤州鄭向之墓側。與范仲淹、胡宿共遊鶴林寺。十六歲的王安石前來拜訪。

一〇四一年（慶曆元年）

分寧縣有樁多年未破的刑事案件，經周敦頤審訊後，當場告破。攝袁州盧溪鎮市徵局，袁州的進士爭相前來公齋聽講。

一〇四三年（慶曆三年）

慶曆新政，范仲淹九月上《答手詔條陳十事》，進行慶曆新政。

一〇四四年（慶曆四年）

宋夏慶曆議和，停止戰爭。

第一次遼夏戰爭以夏勝遼敗而結束。

畢昇發明活字版印刷術。

一〇四五年（慶曆五年）

宋仁宗下詔廢棄慶曆新政，發起人范仲淹和富弼被撤去軍政要職。

一〇四六年（慶曆六年）

亨利三世加冕為神聖羅馬帝國皇帝。

一〇四四年（慶曆四年）

周敦頤任南安軍司理參軍。

一〇四五年（慶曆五年）

南安獄有名囚犯，法不當死。周敦頤欲改判。轉運使王逵被周敦頤感化，死囚得以改判。

一〇四六年（慶曆六年）

收程顥、程頤為徒。經王逵舉薦，移任郴州郴縣縣令。首修縣學，作〈修學記〉。

一〇四八年（慶曆八年）

知州事職方員外郎李初平敬佩周敦頤才學，從不把他當下屬看。

一〇四九年（皇祐元年）

六月，遼興宗攻夏國。

儂智高起兵，徙安德州（今廣西靖西西北），稱「南天國」。

一〇五〇年（皇祐二年）

三月，契丹攻夏。九月，夏擾契丹邊境，被擊敗。十月請和於契丹。

拜占庭帝國共治女皇佐伊女皇一世卒。

一〇五一年（皇祐三年）

畢昇卒。據沈括《夢溪筆談》載：畢昇於慶曆年間發明活字印刷術。

基輔洞窟修道院修建完成。

一〇五二年（皇祐四年）

范仲淹卒。仲淹字希文，蘇州吳縣（今江蘇蘇州）人。工詩詞、散文，〈岳陽樓記〉中「先天下之憂而憂，後天下之樂而樂」的名句，傳誦千古。

五月，儂智高圍廣州。七月，陷昭州。

一〇五〇年（皇祐二年）

任郴州桂陽縣令。

一〇五四年（至和元年）

詔封孔子後為衍聖公。

中國觀測到金牛座的超新星（天關客星，SN 1054）爆發，其遺骸成為現在的蟹狀星雲（M1）。《宋史・天文志》中載：至和元年五月己丑，出天關東南可數寸，歲餘稍沒。

東西教會大分裂：基督教正式分裂成希臘正教與羅馬公教。

一〇五六年（嘉祐元年）

包拯權知開封府。

拜占庭帝國最後一位女皇狄奧多拉女皇卒。

一〇五七年（嘉祐二年）

緬甸蒲甘王國阿奴律陀興兵南征，攻真臘、羅斛、滅直通王國。

一〇五八年（嘉祐三年）

王安石呈〈上仁宗皇帝言事書〉，請求變法。

一〇五四年（至和元年）

改任大理寺丞，知洪州南昌縣。南昌人聽聞後奔相走告。

一〇五六年（嘉祐元年）

以太子中舍，簽書署合州判官事。與友人遊龍昌洞，十一月至合州。

一〇五七年（嘉祐二年）

周敦頤致書傅耆。是歲轉殿中丞，賜五品服，仍判合州。長子周壽出生。

一〇五九年（嘉祐四年）

蔡襄著《荔枝譜》，這是中國第一部專門寫荔枝的書。

泉州洛陽橋建成，是中國現存最老的海港橋。

一〇六二年（嘉祐七年）

包拯卒。包拯字希仁，廬州合肥（今屬安徽）人。為官剛正，斷訟明敏，執法嚴峻。

塞爾柱人滅布維西王朝。

穆拉比特王朝入侵迦納帝國。

一〇五九年（嘉祐四年）

左丞蒲宗孟從蜀江到合州，見到周敦頤後歎曰：「世有斯人歟！」得知周敦頤喪妻後，以其妹相許。

一〇六〇年（嘉祐五年）

六月九日，周敦頤解職東歸。

一〇六一年（嘉祐六年）

周敦頤以國子監博士通判虔州，與時任虔州的太守趙抃成為知己。

一〇六二年（嘉祐七年）

周敦頤的次子周燾出生。

一〇六三年（嘉祐八年）

宋英宗繼位。

遼國耶律重元發動灤河之亂，平定後耶律乙辛被任命為北院樞密使，進封魏王，從此權傾朝野十餘年。

一〇六五年（英宗治平二年）

司馬光開始編撰《資治通鑑》。

科舉制度變革，從此年起，每三年考一次，從此成為定制。

倫敦西敏寺建成。

一〇六六年（治平三年）

契丹改國號大遼。

法國諾曼第公爵威廉一世征服英格蘭，建立了英國歷史上的諾曼第王朝。並將諾曼－法蘭西文化帶到英格蘭，對後來的英格蘭中世紀時期產生重大的影響。

一〇六七年（治平四年）

宋神宗繼位。

夏惠宗繼位。

一〇六三年（嘉祐八年）

五月周敦頤作〈愛蓮說〉。

一〇六五年（宋英宗治平二年）

周敦頤定居九江。

一〇六九年（神宗熙寧二年）

王安石設立制置三司條例司。實行均輸法、青苗法、農田水利法。

一〇七〇年（熙寧三年）

王安石改革貢舉法，廢制置三司條例司，立保甲法，行免役法。

一〇七一年（熙寧四年）

北宋西夏熙河之戰，王韶在洮河流域，收復熙、河、洮、岷、疊與宕州等地，建立熙河路並威脅西夏右廂地區。

王安石實行募役法。

塞爾柱帝國從法蒂瑪王朝奪得耶路撒冷。

一〇六八年（宋神宗熙寧元年）

經趙抃和呂公著舉薦，周敦頤被擢升為廣南東路轉運判官。

一〇七〇年（熙寧三年）

周敦頤被擢升為提點廣南東路提點刑獄。

一〇七二年（熙寧五年）

周敦頤歸隱廬山，居濂溪書堂，授學、訪友、問道。

一〇七四年（熙寧七年）

鄭俠上流民圖。

王安石第一次罷相，轉知江寧府。

一〇七五年（熙寧八年）

越南李常傑和宗亶分兵兩路，水陸並進進攻宋朝，爆發宋越熙寧戰爭。

一〇七三年（熙寧六年）

六月七日，周敦頤病逝。

一〇八六年（宋哲宗元祐元年）

四月初六，病逝於江寧，贈太傅。

嗨！有趣的故事

周敦頤

責任編輯：苗　龍
裝幀設計：盧穎作
著　　者：譚偉雄

出　　版：中華教育
　　　　　香港北角英皇道 499 號北角工業大廈一樓 B
電　　話：(852) 2137 2338
傳　　真：(852) 2713 8202
電子郵件：info@chunghwabook.com.hk
網　　址：http://www.chunghwabook.com.hk

發　　行：香港聯合書刊物流有限公司
　　　　　香港新界荃灣德士古道 220-248 號荃灣工業中心 16 樓
電　　話：(852) 2150 2100
傳　　真：(852) 2407 3062
電子郵件：info@suplogistics.com.hk

版　　次：2022 年 9 月初版

規　　格：16 開（210mm × 148mm）
I S B N：978-988-8807-16-1

本書繁體中文版由中華書局授權出版